缅甸古代简史

〔缅〕吴波稼◎著／易嘉◎译注

云南人民出版社

图书在版编目（CIP）数据

缅甸古代简史 / (缅) 吴波稼著 ; 易嘉译注. -- 昆明 : 云南人民出版社, 2023.11
ISBN 978-7-222-20969-5

Ⅰ. ①缅… Ⅱ. ①吴… ②易… Ⅲ. ①缅甸—古代史 Ⅳ. ①K337.2

中国国家版本馆CIP数据核字(2023)第185360号

审图号：GS（2022）4777号

责任编辑 郭木玉
特约编辑 玛桑达温
助理编辑 巫孟连
装帧设计 石 斌
责任校对 溥 思
责任印制 代隆参

缅甸古代简史

〔缅〕吴波稼◎著 / 易嘉◎译注

出 版 云南人民出版社
发 行 云南人民出版社
社 址 昆明市环城西路609号
邮 编 650034
网 址 www.ynpph.com.cn
E-mail ynrms@sina.com
开 本 720mm×1010mm 1/16
印 张 14
字 数 230千
版 次 2023年11月第1版第1次印刷
印 刷 昆明美林彩印包装有限公司
书 号 ISBN 978-7-222-20969-5
定 价 80.00元

云南人民出版社微信公众号

译者前言

缅甸是中国的友好邻邦，两国人民自古就结下了亲密的胞波情谊。进入21世纪，中缅关系不断得到巩固和发展，经贸人文等各领域的交流合作不断深化，两国睦邻友好关系进入了新时代。在此新的历史背景下，认识学习缅甸的历史文化等国情知识，能够进一步增进中缅民众之间的相互了解，更好地促进两国的民心相通。

中国有关缅甸历史研究的学术专著和译著不胜枚举，仅新中国成立以来有关缅甸国别史一类的重要研究成果就有姚楠先生译注英国学者哈威的《缅甸史》（商务印书馆1957年版）、陈炎先生译注缅甸学者波巴信的《缅甸史》（商务印书馆1965年版）、中山大学历史系和外语系合译苏联学者瓦西里耶夫的《缅甸史纲》（商务印书馆1975年版）、中山大学东南亚历史研究所编《缅甸简史》（商务印书馆1979年版）、贺圣达先生译缅甸学者貌丁昂的《缅甸史》（云南省东南亚研究所编印，1983年）、贺圣达先生的力著《缅甸史》（人民出版社1991年首版；云南人民出版社2015年再版）以及李谋、姚秉彦、汪大年、蔡祝生诸位先生译注的缅甸历史巨著《琉璃宫史》（商务印书馆2007年版）。本书的翻译无疑是在上述研究成果的基础上才能够得以完成。正是有了前辈学者们的笃力开拓，才不断激励着后辈学人勇于进步。

本书的作者吴波稼[①]（1891—1942），是缅甸近代著名的爱国主义教育家、作家，出生于缅甸伊洛瓦底省兴实达市的一个普通家庭。吴波稼幼年接受了缅甸传统的寺庙教育，早年就读于缅甸伊洛瓦底省勃生市英国人开办的中学。在念高中时，由于学校使用的历史课本是由英国人编撰的，其中内容出现了许多对缅甸古代国王的负面描述和对缅甸传统文化的轻视，吴波稼对此心中愤愤不平。当时他就认为十分有必要由缅甸人自己来编著具有爱国主义精神的缅甸历史，特别是在学校使用的缅甸历史教科书。中学毕业后，吴波稼前往仰光的贾德森学院继续深造，但他此时再次感受到英国人开办学校对缅文和缅甸传统的忽视。1920 年，仰光爆发了反对英国殖民当局颁布“仰光大学法案”的学生罢课运动，一直关心政治的吴波稼随即加入了由学生组织的抵制委员会，站在了反对英国殖民教育斗争的前沿。

仰光学生罢课运动之后，为了加强对本国学生开展缅甸语和缅甸传统文化方面的教育，缅甸各地纷纷开始创办国民学校。就在此时，吴波稼拒绝了英国殖民当局的聘请，转而担任了由缅甸国民学校教育委员会任命的教育督导专员，同时还兼任了仰光巴罕区国民学校的首任校长。虽然在国民学校任职的薪资非常微薄，但吴波稼全身心投入工作，不遗余力地推动缅甸本国的民族教育发展。吴波稼经常不辞辛劳奔赴缅甸全国各地的国民学校，开展教学巡视和民族教育的宣讲工作，同时他自己还进行小说和爱国主义题材的文学创作，不定期地在《缅甸新光报》上以“稼”为笔名发表进步文章。

①有关吴波稼生平情况可参考〔缅〕巴当著、貌钦明（德努漂）修订的《缅甸文学家传记》（雅贝书局2002年第5版，第334页），〔缅〕岱梭的《爱国作家四杰：冒毕赛雅登、比莫宁、吴波稼、吴巴秋》（思韵出版社2015年第3版，第171—252页）。

吴波稼先后出版了《勃生史》《令人自豪的古代缅甸》《底博王落难史》《缅甸传统三十七神灵》《古语辞典》《吴邦雅和戏剧〈卖水郎〉》等弘扬爱国主义精神和缅甸传统文化的多部著作，创作了《短篇小说集》《长见识的一天》《变了味的炫耀》《老实人》等10余部小说。1937年，吴波稼创作完成的《缅甸古代简史》作为中学历史课本在缅甸国民学校当中使用。吴波稼希望这本《缅甸古代简史》能够激发起缅甸青年学生热爱祖国的情怀，重拾古代缅甸的优秀传统。

第二次世界大战爆发后，日本入侵缅甸。为了躲避战火，吴波稼与家人辗转来到仰光北部的檀德彬镇暂居。但因积劳成疾，吴波稼于1942年4月11日病逝于檀德彬镇，年仅52岁。

吴波稼一生勤奋求学，满怀爱国情感，积极投身于缅甸的国民教育事业，创作了大量爱国主义著作和文学作品，受到了缅甸政府的赞誉和缅甸人民的尊敬。1953年，时任缅甸文化部部长吴通佩①和缅甸新闻界、文学界的知名人士共同成立了治丧委员会，将吴波稼的遗骨从檀德彬镇迁葬至仰光，并在墓碑上铭刻下“著名作家、国民教育家吴波稼之墓”，吴波稼此后也被誉为缅甸的“国民教育家”。

《缅甸古代简史》原著问世于缅甸处于英国殖民统治的时代背景下，加之吴波稼本人是一位旗帜鲜明的爱国主义者，他是本着“缅人著缅史”的初衷创作了该书。吴波稼对此就曾经表示：“无论如何，我始终固执地认为，年轻人应该用传统的方式去认识本民族的历史。”因此书中的内容流露出了强烈的爱国主义情感。同时，《缅甸古代简史》是以缅甸普通民众作为主要

①吴通佩（1900—1974），长期作为记者、编辑在缅甸报刊行业工作，曾于1937年任缅甸报业协会主席。缅甸独立后于1952年首次在政府中单独设立文化部，吴通佩出任首任部长。

阅读对象，这也使得该书具有故事性强、平白易懂的特点。这也正如吴波稼本人在该书序中所说："本书采用简洁明了的方式，通过一连串的缅甸古代历史故事的讲述来尽力地勾画出一条完整的历史线索，希望以此唤醒年轻学生们心中探求历史的渴望和对历史学科的兴趣。"正因为如此，该书在缅甸国内多次再版，成为一本简明通俗的缅甸古代历史读物。

虽然是一部"简史"，但该书对缅甸东吁王朝和贡榜王朝两个十分重要的历史时期的叙述显得更加地单薄了一些，这是该书的一个不足之处。另外，该书中包含了很多缅甸古代的逸闻和历史典故。这虽增强了该书的趣味性，但其中的一些内容却近乎玄幻，明显地违背了客观史实。例如，书中多处叙述了对王位继承的占卜和预言等，这样的唯心主义宿命论是读者在阅读时需要去加以甄别的。不过，对于这一部分内容，读者可以从缅甸传统文化的角度去阅读，了解缅甸学者对本国历史的叙事方式，能更原汁原味地认识缅甸古代历史。而且，当我们在与缅甸友人交往的时候，如果能够提到这些历史典故，就会在双方之间产生一种天然的亲近感，从而增进彼此的友谊。

在该书中吴波稼持以正确的学术立场，对缅甸古代的史实做出了客观评判。尽管书中没有专门去讲述孟族或若开族等少数民族的王朝史，但这些民族与缅族王朝相关的重要人物和历史事件也都有所提及。例如书中对历史上著名孟族国王亚扎底律的人物描述客观公允，所刻画出的人物形象鲜明却又不失偏颇。吴波稼还在书中明确提出，"孟族和若开族的历史，也将作为缅甸历史和文化的一部分，被缅甸古代史所记载"。相比于缅甸本国其他一些历史学者只是一味地去夸赞缅族政权在历史上的辉煌，作者这样宽明的历史观显得十分难能可贵。

总的说来，本书相对完整地描述了缅甸的古代历史，为读者勾勒出一条以缅族政权更迭为主线的缅甸古代王朝历史的大致脉络。因此，希望本书既能够为缅甸古代历史研究提供一点参考，同时也能够为广大读者进一步了解缅甸古代历史和传统文化开辟另一个新的视角。

本次翻译选用的是缅甸思韵出版社（Seikku Cho Cho Publishing House）2011 年再版的缅文版本。该出版社近年来再版了数量众多的缅甸人文社科方面的经典著作，并以其优质的编辑和印刷受到广大读者的好评和认可。

为了方便读者阅读本书，对翻译中的几点情况做如下说明。

1. 本书中涉及的缅甸历代国王的姓名，主要参照北京大学缅甸语教研室编《缅汉词典》（商务印书馆 1990 年版）中附录二《缅甸历史年代表》中的“汉译名”译出。其他地名、人名等专有名词还参考了哈威著、姚楠译注、陈炎校订的《缅甸史》和李谋等诸先生译注的《琉璃宫史》中的汉译法。其余一些专有名词则按缅文的习惯音译或目前在用的译法译出。

2. 本书缅文原书中并无注释，为了方便对缅甸古代历史文化背景并不十分了解的中国读者阅读本书，译者对书中的部分缅甸语地名、人名和涉及缅甸传统文化、中缅关系等内容做了注释。

3. 本书缅文原书中各章节部分间并无序号，为了方便读者阅读，在译文中按朝代、国王、事件分作三级序号重新做了标注。

4. 原著中有 30 幅插图，除 4 幅地图沿用外，其余插图因其清晰度差不便使用。为帮助读者阅读，译著中由译者另行提供相似替代插图 21 幅（原著中剩余 5 幅插图因无合适替代图略去），特此说明。

5. 为了方便读者查询相关词条,本书在译文后按原书页码重新做了索引。

本书的翻译是在 2020 年完成的，幸逢中缅两国建交 70 周年，谨望此书能为不断加深中缅两国人民间的相互了解奉献绵薄之力。由于译者的水平有限，不免会有不足之处，乞望诸位专家和广大读者提出宝贵的批评指正意见。

本书的出版得到了云南民族大学“区域特色高水平大学品牌专业（缅甸

语）”项目的资助；国务院学位委员会外语学科评议组成员、教育部高校外语类专业教学指导委员会非通用语种类专业分指导委员会副主任委员、解放军外国语学院博士生导师钟智翔教授和云南民族大学陆生教授分别审读本书译稿，提出了非常宝贵的意见；美国加州州立大学富勒敦分校孙来臣教授也审阅了译稿，并就有关历史问题和翻译规范给予了专业性的指导；云南人民出版社郭木玉编审给予了大力支持，在此一并表示衷心的感谢！

易嘉

2020年9月10日

原书序

恭怀敬意，承佛法僧三宝护持，著此《缅甸古代简史》。

本书内容从现今生活在缅甸的各民族的先民进入缅甸开始，直至缅甸末代国王底博王退位，即英国殖民者占领了整个缅甸为止。书中虽然没有系统地讲述孟族（得楞族[①]）和若开族的王系史，但凡是这些民族与缅族王朝相关的重要历史事件，本书都有所提及，从而勾勒出一条缅甸古代王朝的历史主线。

从学习历史的角度来说，缅甸各朝代值得关注的事件和人物众多，鉴于本书的写作目的和篇幅限制，并没有逐一详尽叙述，仅选取其中重要且具代表性的王朝和国王来做介绍。

为了让青年读者们能够较容易地阅读历史，对于那些原本纷乱复杂的历史事件和历史人物关系，本书尽量使用简明和直白的语言来进行讲述。从每一个章节直至整本书，都始终保持了这种简明易读的写作风格。这样做的目的，便是希望读者能够轻松地阅读和认识缅甸的古代历史。

青年读者们在阅读历史的时候总是偏爱一些故事性的情节，因此，本书对于缅甸古代各个朝代和众多国王的王位更迭也采用了剧情式的叙述，以此

① “得楞”是古代缅族对孟族的别称，但孟人并不认同该称谓。

增强阅读的趣味性。

在本书所选用的历史资料中，也包括了一些传说故事。由于年代久远，其内容更加近似于神话而变得难以追溯。对于这些史料，本书采用了“据记载”或“据说”的表述。这并非是要质疑这些历史故事的真实性，而是想告诉大家这样的一些情节还有待考证。书中的这一类内容，只能是对我们力图反映历史的真实原貌起到辅助和参考的作用。

恰恰就是这些对历史较为模糊的描述，往往又最能够引起青年读者们的阅读兴趣，为他们提供一个追忆缅甸古代历史的丰富的想象空间。青年读者们还可以把他们由此所产生的兴趣和疑惑保持到今后的学习和工作中去，并为求证这些历史问题而继续付诸努力，直至最终得到真实的答案。从这个角度来看，本书中列举出这些还未完全得以考证的历史故事，对于缅甸历史学的研究来说，也算得上是某种推动和促进吧。

本书中对缅甸古代历史的记述还有助于青年读者对历史的是非对错做出正确的判断，由此帮助青年们形成正确的历史观、道德观和价值观，这对我们年轻一代良好素质的培养和社会的发展也是十分有意义的。

本书的写作，力求在已有的缅甸古代历史研究基础上补充一些当今较新的研究成果，例如碑铭和考古方面的新发现。同时，本书主要面向青年读者，目的在于使他们能够轻松地了解、学习缅甸古代历史。从这个意义上来看，本书也可称为“新编”《缅甸古代简史》。

吴波稼

缅历 1299 年 4 月①

①缅历与公历相差638年，缅历1299年为公元1937年。

年轻的读者们，我们的祖国缅甸，富饶且美丽，历史文化悠久，足以令我们为她自豪无比。下面就让我来为你们讲述关于我们祖国缅甸的故事吧。

首先需要指出，在阅读、学习和研究缅甸历史时，我们应当摒弃那些糟粕的成分，继承和发扬其中优秀的传统。当我们阅读到那些关于缅甸古代伟大君王们的历史故事的时候，我们总会不由自主地为之欣喜和振奋。因此，了解我们国家的历史和传统，既是入世的善行，也是出世的功德。

对于缅甸的古代历史，我们提出以下的分期：①

①学界对缅甸古代史的分期有多种划分方法。按缅甸和我国学者多数的划分，以缅族政权为主线的缅甸古代历史一般可简明地划作5段，即骠国时期、蒲甘时期、分裂时期、东吁时期和贡榜时期。其中统一全缅的封建王朝有蒲甘王朝、东吁王朝和贡榜王朝，而分裂时期包括阿瓦、彬牙、实皆、勃固等多个王朝，良渊时期则被认为是东吁王朝后期的一部分。本书作者的划分方法，在大体沿用以上历史分期节点的基础上，一方面扩展并侧重叙述了阿瓦时期，并以政权建都的地点为主要依据，提出第一和第二阿瓦王朝的分期，将良渊时期作为第二阿瓦王朝，这代表了缅甸学者对本国古代史分期的另一种观点。本书对东吁王朝和贡榜王朝的记述相对单薄，但我们认为这两个时期是缅甸古代历史的重要部分，应予重视。

一、太公时期

二、室利差呾罗时期

三、蒲甘王朝

四、彬牙王朝

五、实皆王朝

六、阿瓦王朝

七、贡榜王朝

下面，我们就按照以上的分期逐一向大家进行介绍。

目　录

一、缅甸境内诸民族

至今，仍然生活在缅甸这块土地上的重要民族包括缅族、掸族、孟族（即得楞族）、克伦族、钦族、克钦族等。

我们有充足的理由相信，以上这些民族均是从缅甸以北的地方向南迁徙而来的。我们把所有这些民族都称作东方人、黄种人，或者叫作蒙古人种。

古代缅甸最重要的 3 个族群，都是从青藏高原的东面，或是从中国西南方向的高地和峡谷地带迁徙进入缅甸的。这 3 个族群是：

（1）孟高棉语族群；

（2）藏缅语族群；

（3）侗台语族群。[①]

（一）孟高棉语族群

最早进入缅甸的民族属于孟高棉语族群。大约在 2500 年之前（至少不晚于公元前 5 世纪），孟高棉语族群就开始陆续迁徙到了缅甸。

最早抵达下缅甸[②]地区并定居下来的孟高棉民族，我们称之为孟族，现今也被称为得楞族。

---

①早期迁徙进入缅甸的民族，其使用的语言按谱系分类，重要的有3个语族，即汉藏语系的藏缅语族、侗台语族和南亚语系的孟高棉语族。

②缅甸传统上把以曼德勒为中心的缅甸北部即伊洛瓦底江上游地区称为“上缅甸”，把以仰光为中心的缅甸南部即伊洛瓦底江下游地区称为“下缅甸”。

不过，关于孟族与得楞族，也被认为是不同来源的两个民族。大约在公元1世纪，一支具有印度族裔血统的部族从马达亚海岸的德林格纳地区[①]迁徙到了下缅甸的海岸地区定居。后来人们根据这支民族最早的来源地德林格纳，称其为得楞族。之后，孟族与得楞族混居，其后代也被称为得楞族。进而，人们也把生活在同一地域的孟族与得楞族混同，在称谓上也将孟族叫作得楞族。事实上，真正的孟族并不愿意自己被称作得楞族。

至于孟族，按照目前的研究和考证发现，其族源与生活在印度的中部、东部一带以及孟加拉国、印度阿萨姆地区的戈族、孟达族[②]，在关系上甚为密切。在较早的时期，据信是某支蒙古人种从雅鲁藏布江流域来到了印度东北部地区并定居了下来。这一族群继续向南迁徙，逐渐与缅甸南部的居民及自印度迁徙来的孟达族等混居融合，逐渐形成了缅甸的孟族。

在孟族传统的3首古老民谣歌词中就有孟族的祖先离开最早生活的印度东部戈达瓦里河河口至达恒河河口的海岸一带，迁徙到下缅甸地区的德贡[③]、直通和泽亚（木东[④]）、魔鬼岛[⑤]等地区定居生活的叙述。

①马达亚、德林格纳均为印度地名。马达亚位于现在印度南部沿海城市金奈（Chennai），旧称马德拉斯（Madras）。德林格纳即印度特伦甘纳邦（Telangana），按陈序经先生考证，得楞族（Talaing）名称借用了印度的地名“Telingana”。（见《陈序经东南亚古史研究合集》下卷，海天出版社1992年版，第739页）

②此处的戈族、孟达族均为音译。

③德贡，亦旧称大光，即如今的仰光。

④木东，位于缅甸孟邦毛淡棉市以南木东镇。

⑤魔鬼岛，位于缅甸孟邦毛淡棉市以东海面，正对萨尔温江的出海口。

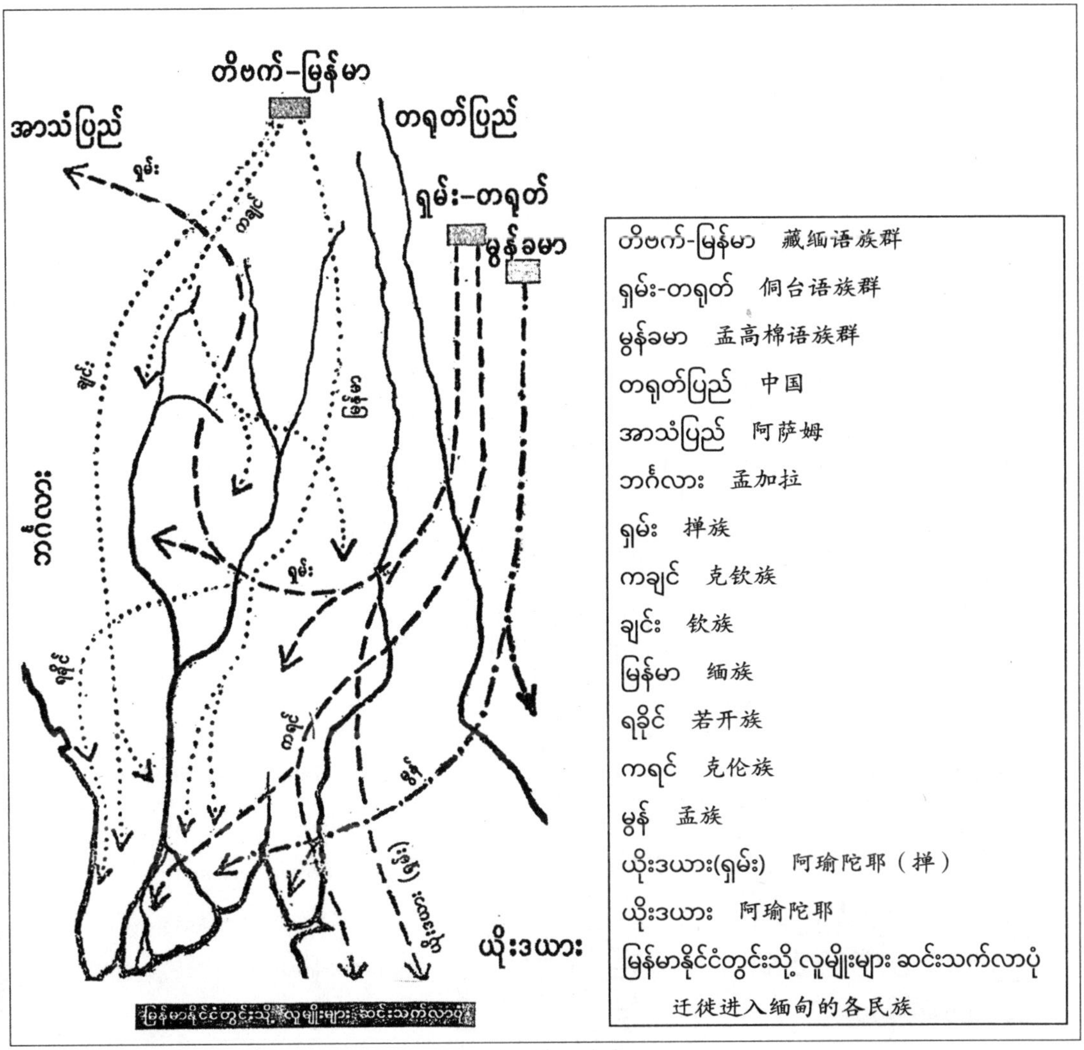

图 1　迁徙进入缅甸的各民族

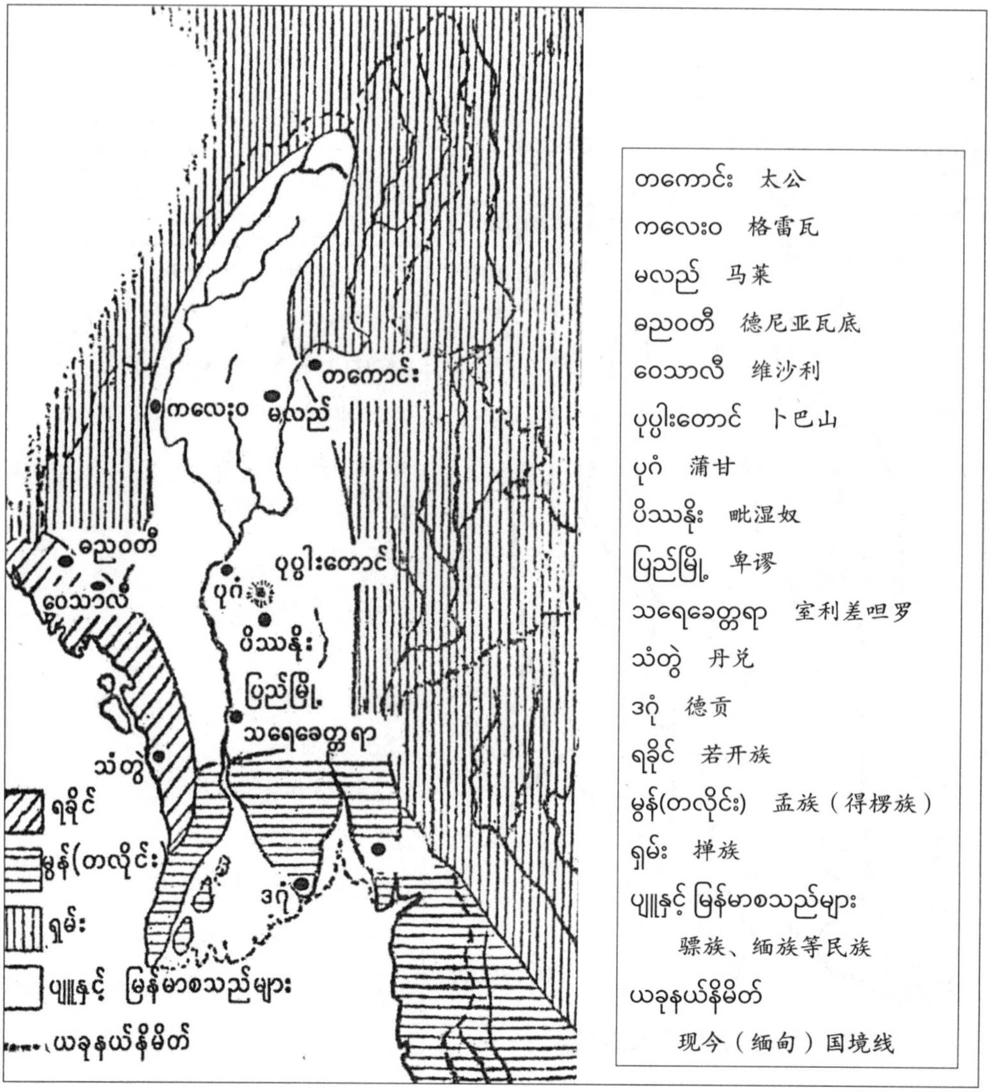

图 2 古代缅甸各民族分布图

（二）藏缅语族群

可以确定，至少在公元前后，这一支系的民族就已经自北部迁徙进入缅甸，定居在缅甸的中部地区，并在那里建立起了稳固的统治。藏缅语族群成为这一时期缅甸最重要的民族之一。

需要指出的是，若开族也是藏缅语族群中的一支，因此也与缅族是近亲民族。

同样属于藏缅语族群的还有骠族、干延族和德族，他们又被宽泛地称为骠族。在与缅族融合之后，骠族如今业已消失了。

（三）侗台语族群

属于这一支系的民族包括掸族、泰族、老族等民族，这些民族构成了一个更大的支系，被称作台语支民族。这一支系的各个民族广泛地分布在缅甸的西北部、北部、东北部、东部和东南部，其分布地域甚至延伸到了阿萨姆地区和泰国。

侗台语族群或者几乎与缅族同时，或者早于缅族迁徙进入缅甸境内，并在缅甸边境一带定居下来。可确信的研究表明，掸族在公元6世纪就已经出现在缅甸这块土地上了。

公元11—13世纪时，掸族在缅甸北部发展成为一个颇具实力的民族，其势力曾一度发展强大并统治了上缅甸地区。

二、太公[1]时期

“缅甸历史始于太公”，这是一句缅甸民众广为熟知的话。

至少在2000多年以前，即公元前后，藏缅语族群的民族就已在缅甸出现。当时，在缅甸北部的太公地区、西部的若开地区和中部的卑谬[2]地区，就已经存在着以部落聚居的城邦式国家——即便这些国家并非像想象的那样强大和繁荣。

一些来自文化发展程度更为先进的印度中部地区的人士[3]，在与太公、若开和卑谬三地的统治者们相处的过程中，把对国家的管理方式、宗教信仰和文字文学等文化传统也带到了缅甸。不过，这样的文化传播进程无疑是潜移默化的，并且是通过陆路，经过阿萨姆、曼尼普尔和若开等地区才最后到达缅甸的中部。

而对于居住在缅甸南部的孟族来说，他们的信仰和传统却是受到了来自南印度的宗教文化的影响。与北部的情况不同，这些影响是通过海路，即跨过了孟加拉湾传入下缅甸地区，即缅甸南部地区的。这些影响也曾一度向北扩散，直至到达缅甸中部的卑谬一带。

按照缅甸本国史籍记载，来自印度中部的释迦王族的阿毕罗阇来到太公

①太公，现位于缅甸曼德勒省最北部与实皆省交界处，紧邻伊洛瓦底江。

②卑谬，现位于缅甸勃固省，是缅甸历史文化名城。

③这些人士多或是当时印度的婆罗门教教士或是信仰婆罗门教的贵族。

并开始统治该地区。[①] 阿毕罗阇王死后，次子小甘罗阇继续统治太公国，长子大甘罗阇则前往若开地区成为国王。尔后，大甘罗阇之子摩都悉达迦前往缅甸中部的卑谬地区，被世居在那里的干延族、德族居民拥戴为王。

以上的历史记载都是发生在佛陀乔达摩在菩提迦耶悟道 [②] 之前的时代。佛陀成道之后，又有一位名为德萨罗阇的释迦族人成为太公国的国王。自阿毕罗阇王建立太公国始，一共历经了 50 代国王。

太公国的宗教文化并不发达，其居民信仰的是包括龙蛇崇拜的原始宗教，其中还含有一些从印度传播来的印度教 [③] 的成分。直到后来，佛教才逐渐传入并兴盛起来。

至末代国王德多摩诃罗阇继位时，太公国遭到了来自中国的鞑靼人的入侵 [④]，太公国最终灭亡。

---

①据缅甸《琉璃宫史》和哈威《缅甸史》载，太公国由约在公元前6世纪时因战乱流亡至缅甸的印度贵族族裔建立。《琉璃宫史》有述："中天竺释迦族系的阿毕罗阇王首建太公国……名善娑耶补罗，名罗塔补罗，名顶兑，至乔达摩佛时改称太公。"（见李谋等译：《琉璃宫史》上卷，商务印书馆2007年版，第126页）又哈威《缅甸史》中述："阿婆醯罗娑（Abhriaza）与其释迦（Sakya）族人来自印度的妙德城（Kapilavastu，亦译迦毗罗苏都），于纪元前850年建太公城（Tagaung）……太公于纪元前约600年时为华人所毁。"（〔英〕哈威著、姚楠译注、陈炎校订：《缅甸史》，商务印书馆1957年版，第48页）

②佛陀悟道的年份说法不一，按吕澂先生考证约在公元前530年。（吕澂：《印度佛学源流略讲》，上海人民出版社2002年版，第10页）

③按照印度教自身的发展历史，这里所指是婆罗门教。

④《琉璃宫史》中记述："太公国受到乾陀罗秦国的侵扰，国力因此式微，终至亡。"[〔缅〕蒙悦法师等：《琉璃宫史》第一卷，缅甸宣传部重印，1992年，第156页；又李谋等译：《琉璃宫史》上卷，商务印书馆2007年版，第128页] 其中，"乾陀罗"和"秦"都是缅甸古代对中国的称谓。此处原书写作"被称为鞑靼的德由人"。缅甸语称中国为"德由"，按缅甸历史学者陈孺性（U Yi Sein）的考证，缅语"德由"出自"Turk"或"Tartar"，即鞑靼人，最初是缅甸人对13世纪进入蒲甘的中国元朝军队的称谓，后来用来称呼中国。[见〔缅〕陈孺性：《"中国"名称考》（缅文），收录于《陈孺性文集》，思韵出版社2011年版，第439页] 但是，缅甸史料中记述太公国是因中国所亡，在中文或其他史料中并没有找到印证。

三、室利差咀罗时期

太公国亡后，其末代国王德多摩诃罗阇的子嗣摩诃丹婆瓦和苏拉丹婆瓦继续统治着现今缅甸中部卑谬一带。摩诃丹婆瓦王与王后贝达依所生竺多般王子，神勇无敌，周边众多部酋均向其臣服。竺多般王子遂在缅甸中部建室利差咀罗城[①]，并在城中称王，开启了缅甸历史上的室利差咀罗时期。

（一）骠族

在约 2000 年以前，即公元前后时期，骠族及其多个同族群民族在缅甸中部建立起稳固的统治，而且其统治势力延伸至现今缅甸的版图范围，是当时缅甸实力最强大的民族。因此，我们也把室利差咀罗时期称为骠人的时期。

我们在前面介绍过，骠族属于藏缅语族群的一支。直至缅历 600—700 年间（公元 13 世纪前后），我们仍能发现骠族在缅甸的踪迹，现今考古发现的当时的骠文可以有力地证明这一点。自 13 世纪以后，骠族逐渐退出了缅甸历史舞台，完全消匿了踪迹。大多数学者认为，消失在缅甸历史长河中的骠族业已和缅族相互融合成为一个民族。

①室利差咀罗城，位于现在缅甸勃固省西北的卑谬，是缅甸古代早期重要的城邦式国家，大多数学者认为由缅甸古代骠人建立。室利差咀罗城与汉林城、毗湿奴城并称为骠人三城邦，被列为世界文化遗产。

（二）与印度的往来

在骠族兴盛的室利差呾罗时期，即公元 1—2 世纪，来自印度南部的某些深肤色种族向东迁徙，到达下缅甸的沿海地区，在德贡、勃固、直通、卑谬等地定居下来。或许是因为室利差呾罗的繁荣，吸引了来自印度次大陆的定居者来到缅甸，这些南印度定居者把他们的信仰、文字也一同带到了下缅甸地区。约公元 4 世纪时，来自南印度的宗教和典籍广泛地存在于室利差呾罗。在现今出土的该时期的骠文中就发现其中使用了南印度的字母。

室利差呾罗所使用的纪年历法也是来自印度。在最初的时期，室利差呾罗使用的是佛历，即把佛陀涅槃的第二年，即公元前 544 年作为佛历元年[①]。但到了佛历 624 年（公元 80 年），为了求吉避凶，室利差呾罗第二十五任君主苏蒙陀梨王根据星象师们占卜后的建议，把当年的佛历纪年减除了 622 年后，重新确定为新纪年的第二年。这一新的历法被称为室利差呾罗历[②]。

室利差呾罗历沿用到了蒲甘王朝才再次被缅甸国王更改。在佛历的基础上第二次被修订的历法称为蒲甘历，即现今使用的缅历。于是，在缅甸的古代历史上，就出现过佛历、室利差呾罗历和蒲甘历共 3 种历法。[③] 有关缅甸的古代历法，我们在蒲甘王朝的章节里再详细叙述。

在缅甸诸民族各自信仰中出现的神灵、龙蛇[④] 等造像，最初也应该是通过婆罗门教从印度传入缅甸的。在此之后，更有同样来自印度的佛教传入

①佛陀的生卒年宗教界和学术界说法不一。吕澂先生认为，佛陀生于公元前565年、卒于公元前486年（见吕澂：《印度佛学源流略讲》，上海人民出版社1979年版，第6页）

②室利差呾罗历元年为佛历623年，即公元79年。

③按照缅甸《琉璃宫史》记载，缅甸历史上共使用过9种历法，即因萨那王历、佛历、悉梨罗阇王历、苏蒙陀梨王历（室利差呾罗历）、卜巴苏罗汉王历（蒲甘历，即缅历）、岁星纪年历、孟养王历、争斗时历和公历。（见李谋、姜永仁编著：《缅甸文化综论》，北京大学出版社2002年版，第155页）

④缅甸龙的形象异于中国的龙，其外观更多地似蛇。

缅甸，并成为在缅甸占据统治地位的宗教。即便如此，婆罗门教曾经在缅甸传播过的痕迹也并没有因为佛教的到来而被完全抹去，它们或多或少地在缅甸的宗教传统中被保留了下来，当我们对像包包枝这样的佛塔遗迹进行考古发掘时就能够找到很多的佐证。

图 3　室利差呾罗时期的包包枝佛塔

在这些佛塔的遗址中，发现了用于盛放死者骨灰的陶罐。从陶罐上记录的骠文文字中可以知道：在公元 9 世纪时，来自印度的统治者，或者至少是使用了印度贵族称谓的那些统治者们，一直是室利差呾罗城的主人。这些陶器上出现了“维伽罗摩”“达德巴”等骠文词汇。“维伽罗摩”意指“王朝”，“达德巴”则意为“高贵的君王”。我们熟悉的“竺多般王”就很有可能不只是一位国王的名字，而是被多位国王使用的名号。

（三）与云南的往来

缅历116年（公元754年），南诏国势力在现今中国云南地区逐渐崛起。在之后的1个多世纪里，南诏国的国王自称为“骠信”[①]，其统治范围一直延伸到了缅甸北部的广大地区，其国力与骠族统治下的室利差呾罗国相当。

在中国的历史文献中就详细记述了公元6—9世纪有关骠国的情况。

（四）室利差呾罗国的衰亡

位于缅甸西部若开地区的属国干延国发生叛乱，室利差呾罗国第二十七任国王即末代国王那迦罗岑那率军亲征。叛乱平息后，作为虔诚佛教徒的那迦罗岑那王留恋干延国一尊高达28缅尺[②]的纯金佛像，于是在当地驻留了3年，不愿班师回朝。最后，文武大臣们都不愿意继续停留在异乡，便向国王谎称因为佛陀转世，金佛的尺寸将会变小，同时暗地里把金佛熔掉，重铸了一尊小金佛献予国王。国王满心欢喜地迎奉小金佛回朝，文武百官也得以随同返回室利差呾罗城。但是，大臣们却把金佛熔后剩余的大部分黄金据为己有，私自带回。

---

①“骠信”按缅语意为“骠人之王”，但中国学者徐琳通过对纳西语、傈僳语、缅语和白语等多种语言的读音、词序及对有关史料的考证，认为“骠信”不是缅语“骠人之王”之意，而是白语，意为“白祖、白王”。（见徐琳：《南诏、大理国“骠信”“摩诃罗嵯”名号探源》，《民族语文》1996年第5期，第38—47页）不过有意思的是，在缅语中“白色”一词与“骠”一词的拼读十分相似。

②缅尺，缅制长度单位，又称为“肘尺”，为成年男子手臂平展后中指尖至肘关节的长度，约合0.45米。28缅尺约12.6米。

室利差呾罗国大臣们熔佛取金的做法严重地亵渎了佛祖。在民众看来，这是贪得无厌和恣意妄为的行为。室利差呾罗国也因此开始人心不安，王国陷入了危险的境地。属国干延国更是因为不满金佛遭毁，继续挑起反对室利差呾罗国的叛乱。随之各地的反叛也愈演愈烈。

此时，孟族的势力逐渐在南部强大起来，并伺机向北扩张领地，开始发兵攻打室利差呾罗国。

相传就在室利差呾罗国的统治摇摇欲坠时，城中有一名妇女因手中的米筛被风刮走，一路边追边喊："我的筛子！我的筛子！"不料却被路人听成了"克伦族军队入侵了！"[①]而且被误听的消息很快地传遍了全国，使得王国陷入一片混乱之中。这次意外的事件加快了室利差呾罗国的分崩离析。这便是缅甸历史上传说的"筛子亡国"故事。事实上，室利差呾罗国长年的内忧外患的积聚已经达到了临界点，只是终究哪一日爆发而已。室利差呾罗王国的覆亡正如同缅甸谚语所说："棕榈果成熟坠地之时，便是乌鸦飞落聚集之日。"

依照缅甸史籍记载，室利差呾罗国于佛历638年、室利差呾罗历16年（公元94年）灭亡。虽然国已不存，但在公元9世纪以前，其城镇、村落仍然存留了下来，其民众也依旧在自身原有土地上继续劳作和生活着。这一情形就如同缅历1247年[②]作为贡榜王朝都城的曼德勒被英军攻陷后至今仍存在；又如缅甸历史上阿瓦[③]、阿摩罗补罗[④]也曾为各朝都城，在王室衰败遭废弃后至今或多或少留有遗迹一样。

①这是一个因为缅语发音造成的语义误解。在缅语中"米筛"与克伦族早期的一支"色古人"两词的发音相同，都为/z-gaw:/。克伦族的两个主要的分支是色古人（Sgaw）和勃人（Pwo）。

②公元1885年。

③阿瓦，缅甸古都，又译作茵瓦，其遗址位于现缅甸曼德勒市西南郊，保存有许多历史文化遗迹。

④阿摩罗补罗与阿瓦同为缅甸古都，与阿瓦邻近，位于现缅甸曼德勒市西南郊。

但是，随着时间的推移，大约到了缅历 300 年[①]时，室利差呾罗国所留下的各种历史印记都已经逐渐从人们的视野中消失了。

骠族建立的王国也可以称作卑谬 – 室利差呾罗王朝。该王国从摩诃丹婆瓦王开始，至那迦罗岑那王，历经 27 任国王，最终灭亡。尔后，散落的骠国遗民又再聚集起来，迁徙到现今蒲甘一带居住，并在那里建立起了一些城镇，由此也开启了缅族统治的王朝——蒲甘王朝的序幕。

①公元938年。

四、蒲甘王朝

（一）蒲甘建国

室利差呾罗国灭亡以后，其末代国王那迦罗岑那王的侄子萨牟陀梨亲王重新召集了散落于各地的骠人，带领他们离开室利差呾罗的属地，途经当纽、岱达、班当、敏洞等地，一路停留和迁移。历经12年后，他们最终向北抵达了蒲甘一带，这是日后蒲甘国建立的地方，在这里生活的族群似乎也与骠人同族同种[①]，骠国的遗民们在此建立起了城镇。

起初，萨牟陀梨王在位于伊洛瓦底江东岸约7英里处被称为甬路林[②]的地方建城，其年代据推测是佛历651年，即室利差呾罗历29年（公元107年）。在甬路林和伊洛瓦底江之间的这一片范围内，蒲甘的国王们曾先后4次于不同的地点建立城池。蒲甘城最后一次建城，是蒲甘国第三十四任国君彬比牙[③]王在位期间于蒲甘历211年（公元849年）重新选址修建的，也就是如今世人所见到的闻名于世的历史遗迹蒲甘古城。

①此处所指与骠人相近的族群指的就是缅族。关于缅甸历史上骠人消失的原因，学术界大多认为是骠人和缅人混居并融合了。

②甬路林，为缅文音译，意思是“放生兔子的地方”。

③彬比牙（Pyinbya），公元846—878年在位。

图 4　蒲甘古城，即蒲甘第四次所建城留下的城墙和城门遗址

萨牟陀梨王第一次修筑的蒲甘城，其规模并不算大，其实只是把附近总共 19 个村庄的人口集中在一处后重新建立起的一个城镇。在当时，诸如野猪、虎、鹫鹰、飞鼯等凶禽猛兽时常出没，侵扰村民，甚至伤及人命。再加之山林茂密，荆棘丛生，人们的生存需要同大自然进行艰苦的斗争。

（二）骠绍梯[①]王

蒲甘建国后的 10 余年间，一直饱受自然灾害的折磨和猛兽的侵袭，直至一位名叫骠绍梯的首领出现。骠绍梯少年英勇，率领部族打猛兽、驱凶禽、抵御自然灾害，受到了人们的拥戴，继而在蒲甘称王。为了纪念骠绍梯的英勇事迹，人们在骠绍梯战胜猛兽和灾害的地方修建了佛塔。如今，若到了蒲甘文化遗址，大家都还可以前往该佛塔参观。

①骠绍梯（Pyusawti），旧译作骠苴低。

图 5　位于蒲甘纪念骠绍梯的波帕亚[①]佛塔

与蒲甘国同时期并立且相邻的王国，即之前说到的由骠国遗族王公萨牟陀梨王建立的城邦式小国，同样也遭受了猛兽的侵害。对于年轻的骠绍梯王的英勇事迹，萨牟陀梨王非常敬佩，于是把自己的女儿许配给了骠绍梯，而且还许骠绍梯为本国的王储，将来可以继承其王位。但是，在萨牟陀梨王去世后，骠绍梯并没有凭着自己王储的身份立即称王，而是迎请自己的授业恩

①波帕亚，意为“战胜荆棘丛林之地的佛塔”。

师—— 一名云游的修行者出山，拥戴其为王。直至这位罗帝姜[①]王逝世之后，骠绍梯才再接受了王位。

骠绍梯王在位期间，蒲甘国的许多习俗礼制，乃至所使用的语言词汇，都能找到许多骠族和掸傣民族之间的相似之处。以骠绍梯王本人名字为例，“骠”指骠族；“绍”是掸语“诏”，意为国王；[②]而“梯”则是汉语，也是“国王”的意思。[③]因此，骠绍梯这一称谓是把骠文、掸文和中文3种语言结合在一起，用以表示“骠人的国王”的含义。

此外，若仔细观察蒲甘国自骠绍梯王之后的6代国王的名讳就能发现，其命名方法与中国云南（南诏）地方的命名方式极为相似，即所谓“父子连名制”，儿子名的首字会使用父亲名的最后一个字。例如，蒲甘国4位国王的名字依次是骠绍梯、梯明尹、尹明拜、拜丁里。[④]

不过，蒲甘国出现父子连名制的时期，与云南的地方政权前后相距约有500年。骠绍梯王所统治的蒲甘国是在公元167—412年间，中国的云南地方政权则大约是在公元649—902年间出现的。

除了以上相似的传统之外，蒲甘国更多的文化习俗、经典文献、哲学宗教则是来自印度。其中，包括宫殿和宗教建筑的风格样式、国王授予大臣的勋号名衔、王宫上朝议事的规程、宫廷祈福祭祀时的典仪，以及王宫中文案卷宗的书写范式，均受到印度的影响。

因此可以认为，蒲甘国曾受到来自印度中部地区、掸傣民族地区以及室

①罗帝姜（Rathekyaung），原意为“得道的修行者”。

②《旧唐书·南诏传》载：“蛮谓王为诏。”《新唐书·南诏传》载：“夷语谓王为诏。”

③此句话是作者对蒲甘王朝早期国王骠绍梯姓名中各个字的解释，其中“梯”为汉语且意为“王”一说或引自汉字“帝”的音译，但无其他文献能够辅证。这虽为缅甸学者的一家之言，却也说明了古代缅甸各民族与中国各民族的亲缘关系。

④蒲甘早期国王姓名在其他文献里也有译作骠苴低、低蒙苴、苴蒙伯、伯梯利。（见〔英〕哈威著、姚楠译注、陈炎校订：《缅甸史》，商务印书馆1957年版，第395页）

利差呾罗国骠族地区等不同文化的相互共同影响，并由此发展起了一种独特的文化。在这种新的文化的支撑下，蒲甘国逐渐强大了起来，并逐渐成为一个在地区内有着影响力的大国。

（三）摩诃吉利兄妹神

在萨牟陀梨王、罗帝姜王、骠绍梯王之后，蒲甘国又再经历了7任国王后，王位传至丁里姜王（公元344—387年在位）。丁里姜国王在位期间，出现了摩诃吉利兄妹神的传说故事。在此之后，缅甸民间对传统神的崇拜和信仰变得愈发普遍了。

传说伊洛瓦底江上游的太公国中，有一名铁匠叫貌丁岱，力大无比，十分勇猛。太公国国王为此十分惊恐，生怕貌丁岱威胁其王位，于是下令将其抓捕。貌丁岱得知后急忙出逃。国王则施诡计，假令册封貌丁岱的妹妹为王妃，册封貌丁岱为镇侯，并谎称王妃传唤貌丁岱回城。貌丁岱中计落入陷阱被捕，国王下令将其绑在玉兰树上以火刑处死。貌丁岱的妹妹得知后悲痛万分，认为哥哥是因为自己而死，十分自责，也一同跳入火中。貌丁岱兄妹两人含冤而亡，死后化为摩诃吉利兄妹神灵。

兄妹俩死后，玉兰树被连根拔起一并抛入伊洛瓦底江。玉兰树顺流漂到了蒲甘国，国王丁里姜命人打捞上岸，好生安葬了兄妹俩。蒲甘国王再命人用这棵玉兰树树干雕刻了貌丁岱兄妹俩的塑像，设下神龛，供奉于卜巴神山①上。

从此之后，每年的缅历九月②，历代缅甸国王都会带领王储等王室成员和众文武大臣，并有大批地方民众随同，共同前往卜巴神山，举办隆重的敬神仪式，祭拜信仰的诸民族神。在古代缅甸，每逢缅历九月敬神节，缅甸民众都有献牲的习俗，人们会把水牛、黄牛、猪、鸡等家畜家禽杀生后砍下头

①卜巴神山，缅甸历代供奉传统神灵的圣地，至今仍是蒲甘地区著名的旅游景点。

②缅历九月一词，按缅文意译，有“神灵之月”之意，该月份的缅甸传统节日即为敬神节。

首挂在屋前的神柱子上祭祀神灵。从蒲甘国时期开始，缅甸传统的神灵信仰就开始在民间兴盛了起来。

在缅甸文学史上，有一首佚名诗歌《卜巴神山》非常著名。该诗歌描写了一名少女在摩诃吉利兄妹神像前为其爱情进行祷告的情景。

卜巴神山[①]（古代诗歌）

啊！卜巴神山，高耸入云端，
林深密，终年百花园，
香意浓，金制姣玉兰。

啊！花魁玉兰，国色人人赞，
赛花女，婀娜美婵娟，
念郎君，天涯何时还？

啊！两小无猜，青梅戏竹马，
手足情，情如并蒂莲，
爱奴家，此心永不变。

哎！别人难怨，用情不专深自惭，
移恋那宦门后，红衣碧伞，
翩翩美少年。

①《卜巴神山》据信是目前发现的缅甸最古老的诗歌。中文译文引自姚秉彦、李谋、蔡祝生编著的《缅甸文学史》（北京大学出版社1993年版，第30页）一书。

图 6　位于卜巴神山的貌丁岱神像（左）、貌丁岱之妹神像（右）。前者高 5.5 英尺，双手执金刚杵；后者高 4 英尺。传说神像是以顺伊洛瓦底江漂流而下的玉兰树树干作为基座，用足金雕刻而成

（四）佛经三藏

据信在丁里姜王和其子姜都律[①]王在位期间，也就是大约公元5世纪时，佛典三藏经就已经传到下缅甸孟族居住的地区。当时，有大法师信丹玛巴塔在马达亚沿海地区的甘兹补罗城[②]主持弘法，佛教因此在当地兴盛。再随后，由于该地区通过海路与缅甸交往频繁，使得佛教得以传入下缅甸地区。据考证，缅甸孟族的文字也是约 5 世纪时借用了当时从印度南部马达亚地区传入的婆罗米文字而创制出来的。

①姜都律（Kyaungdurit），公元387—412年在位。

②甘兹补罗城，位于印度金奈西南40英里处的甘吉布勒姆市（Kanchipuram）。

（五）新历法的确立

蒲甘国第二十任国王卜巴苏罗汉[①]在位期间，重新确立了缅甸的纪年历法。室利差呾罗时期，苏蒙陀梨王在佛历 624 年（公元 80 年）时曾把佛历减除 622 年后以当年作为新纪年第二年，创立了室利差呾罗历。当室利差呾罗历纪年使用至 562 年（公元 640 年）时，蒲甘国王卜巴苏罗汉再把室利差呾罗历减除 560 年，同样再把当年作为新纪年的第二年，创立了蒲甘历。该历法一直沿用至今，这便是大家熟知的传统缅历。

如今，缅甸使用的传统缅历便是蒲甘历，但同时也使用公历。至此，缅甸所使用过的历法包括佛历、室利差呾罗历、蒲甘历和公历。[②]它们之间相差的年份数如下：

1. 佛历比室利差呾罗历多出 622 年；
2. 室利差呾罗历比蒲甘历（缅历）多出 560 年；
3. 佛历比蒲甘历（缅历）多出 1182 年；
4. 佛历比公历多出 544 年；
5. 公历比蒲甘历（缅历）多出 638 年（如果在公历日期是 1 月 1 日至 4 月 15 日期间，则比蒲甘历日期多出 639 年）[③]。

（六）蒲甘第四次建城

从萨牟陀梨王、骠绍梯王最初在蒲甘建立城池开始，蒲甘地区的历任国

①卜巴苏罗汉（Popa Sawraha），公元613—640年在位。

②缅甸3种传统历法和公历之间的换算方法为：佛历减除544年得到公历，室利差呾罗历加上78年得到公历，蒲甘历或缅历加上638年得到公历。

③公历4月15日大致为缅历新年，即缅历1月1日，因此公历1月1日至4月15日期间仍为缅历的上一年度。

王相继进行了 4 次迁都。这样的进程也使得蒲甘地区开垦出大片良田，建立起城郭村镇，逐渐繁荣了起来。到了蒲甘历 211 年（公元 849 年），蒲甘国第三十四任国王彬比牙在位时，对蒲甘城进行了第四次选址重建。新的蒲甘城修建了更加高大的城墙和瞭望楼以及更加宽阔的护城河，这使得蒲甘城更加坚固雄伟。

在内政方面，彬比牙王还分别任命了治安官员负责管理蒲甘城的东南西北四方城门所划辖区内的诸多事务，包括查办案件、严肃法纪等。在当时，蒲甘国还大力发展对外贸易，与周边邻近的室利差呾罗国、西北方向的阿萨姆地区、北方的中国和掸傣民族地区之间都有密切的商业和人员往来。通过蒲甘国王们的这些明智措施，蒲甘国得以在较短的时间内迅速兴盛起来。而蒲甘城经历了第四次也是最后一次选址新建，也为日后缅族从这里崛起奠定了牢固的基础。

不过在这一时期，蒲甘国王宫中争斗激烈，国王们的王位更迭频繁，既出现过专横独断的国王，也出现过弄权的大臣。这期间，为人熟知的历史故事就有下面几个。

（七）第三十六任国王色雷鄂奎[①]

蒲甘国第二十七任国王登空[②]有一个弟弟，兄弟二人曾为争夺王位而反目。最终弟弟不敌哥哥，出逃到色雷镇隐姓埋名，以躲避追捕。虽然曾经贵为王侯，王弟的家境也日渐败落。后来，王弟家族再传至其孙辈，名叫鄂奎，因为家中贫困，他便来到一大户人家做仆役。

①色雷鄂奎（Sale Ngahkwe），公元906—915年在位。

②登空（Theinkhun），旧译作梯因孙，公元734—744年在位。查商务印书馆《缅汉词典》附录二，该王译作登宋（Theinsun）；但查商务印书馆中译版《琉璃宫史》下卷附录一第1120页，则译作登空；再查缅甸宣传部1992年编印的缅文版《琉璃宫史》第一卷第218页，确为《缅汉词典》的缅文拼写有误，该王应作登空。

一次，鄂奎跟随大户人家的主人乘船前往蒲甘城，抵达的前一晚，船靠岸后歇息。鄂奎在晚上做了一怪梦，梦见自己的肚肠从腹脐中流出，顺河围着蒲甘城绕了一圈。第二天一早，鄂奎乘船继续赶路，船在一段逆水行进时，撑船用的竹篙杵到了河底的一只金盘。鄂奎意外得到金盘，暗自高兴昨晚的梦预示了好兆头。抵达蒲甘城后，鄂奎找到一位婆罗门法师解梦。婆罗门告诉他，他将会成为蒲甘国的国王。

返回色雷镇后，鄂奎不堪富人的欺凌，偷偷跑出家院，只身来到蒲甘城，效命于蒲甘国第三十五任国王丹奈[①]。鄂奎乖巧，得到丹奈王赏识，被任命为御马官。

丹奈王喜爱马，每日都由王妃陪同前往马厩巡视。鄂奎却与王妃日久暧昧相好，约同谋害国王。一日，国王再到马厩，二人将国王推入马粪池中害死。鄂奎随后称王，是为蒲甘国第三十六任国王色雷鄂奎王。[②]

颇具报复心的色雷鄂奎称王之后，不仅把曾经欺凌过他的色雷镇的富人抓了起来，甚至把与这名富人一样有过类似欺虐仆役情形的其他富人也抓了起来。色雷鄂奎王把这些人作为罪犯投入干涸的水池中，然后把他们当成野猪一般的猎物，亲自乘坐大象下到池中用长矛投刺取乐，直至将犯人杀死。

如此暴戾的做法招致了大臣们的不满。大臣们于是贿赂了驯象官，事前偷偷把系象鞍的绳索松开，当国王再乘象在池中杀人时，国王随象鞍脱落坠地。大臣们和周围的兵卒见势，纷纷捡拾土块掷向国王，国王遂死于众人投出的土块之下。直至今日，蒲甘还保留着这个被后人称为“掷泥池”的水池。

---

①丹奈（Thannet），公元878—906年在位。

②缅人有把出生地地名冠于自己名字前面的传统。

（八）第三十八任国王当都基[①]

色雷鄂奎王死后，其子登科[②]继任蒲甘国第三十七任国王。一日，登科王骑马进山狩猎，腹中饥饿，正巧路过一片胡瓜田，于是下到一旁的地里摘瓜充饥，却不料被瓜田的主人发现。这名农夫不知面前的这个人就是国王，只道就是前几日的偷瓜贼，抡起锄把朝他打过去，可怜一国之君因此命丧山野。

此时，登科王的御马官赶到，见状上前质问农夫道："大胆村夫，何故谋害我王？"

农夫答道："此人经常到我的地里偷瓜，打的就是他！"

御马官随即道："种瓜人，你难道不知自古有'弑君者成王'的说法？你来做国王吧。"

农夫道："我这胡瓜地里每年收获甚丰，若让我舍弃瓜田去做那什么王，我定然不去。"

御马官道："你若称王，不但这瓜田仍为你所有，更有享不尽的富贵荣华，还不速随我回王宫。"

几经说服，最终农夫听从了御马官的话，弃下手中锄犁，与其一同返回宫中。

御马官沿途向众臣隐瞒了真相，直至回到王宫面见了王后后才把经过如实向王后禀报。王后听罢，不但没有因此责罚御马官，反而认为这样做避免了整个王国陷入动荡不安的局面，还称赞他应变机智。接着，王后给农夫换上国王的穿戴，并教会农夫学习国王日常起居和朝政应懂得的各类宫中仪节。

此后某日，一名宫女及一名内官发觉眼前的国王并非原来的国王，对其

①"当都基"为音译，意思为"农夫"。这位国王又称为"良宇苏罗汉"（Nyaung U Sawrahan），公元931—964年在位。

②登科（Theinhko），公元915—931年在位。

表现出了不敬。哪知立在门外的石人在这时忽然间如同复活了一般，自行走上前来，用手中石杵将二人打死了。众臣听闻此事后，无不惊恐敬畏，从此也就默许承认了这位新的国王。

按今天学者考证，宫中石人复活的情节不可信，应该是新国王身旁的武士所为，后世不断讹传便成为一段历史传奇故事了。

（九）宗教信仰

早期，缅甸的宗教信仰情况是比较复杂的，包括传统神灵崇拜、龙蛇崇拜和佛教信仰。在当都基王在位期间，神灵崇拜和龙蛇崇拜日渐兴盛，而佛教在缅甸的发展却陷入了低谷，甚至出现了像阿利教[①]这样违背佛教仪轨的教派。

似乎是出于对自己曾经耕种瓜田的不舍，当都基王下令修建了一个面积广阔的种植园，并在园中塑了一座模样十分奇特的龙的雕像。当都基王还与阿利僧们关系密切，并听从阿利僧的建议，下令修筑了5座高塔。塔中所塑神像，既非佛祖，也非缅甸传统神灵，当都基王却每日早晚都前往供奉。

由此可见，当都基王时期，缅甸的宗教信仰多以神灵和龙蛇崇拜为主，阿利僧在蒲甘国王室中保有很大的势力，佛教则尚未兴盛起来。

（十）当都基王之死与宫错王[②]登位

前面曾提到，色雷鄂奎在王宫做御马官时，曾与蒲甘第三十五任国王丹奈的王妃私好。后来色雷鄂奎王死后，怀有身孕的王妃出逃到姜漂镇躲藏，

---

①阿利教，是约于公元8—10世纪出现在缅甸的教派，被认为是从印度传入的大乘密宗的一个支派，其信徒皆行为不检，纵欲酗酒。11世纪，在南传上座部佛教在缅甸确立了正统地位之后，阿利教逐渐消亡。

②宫错王，缅甸史书又记载为宫错姜漂（Kunhsaw Kyaunghpyu），公元964—986年在位。“宫错”，缅语意为“课税官”；“姜漂”为地名，即“姜漂镇”。

并诞下一子。把儿子抚养长大后，王妃将这段特殊的身世告诉了他，并训诫儿子说，你应该成为蒲甘的主人。

男孩成年以后来到当都基王殿前做了一名课税官，负责催缴各地赋税。这名年轻的课税官每次外出收缴赋税时，习惯在同一棵沙针树下休息并食用随身携带的餐食。遵循缅甸的传统习俗，年轻的课税官在吃饭时总是把自己的第一口和最后一口饭菜都恭敬地贡献给沙针树神。久而久之，树神感应显灵，对课税官说："你本为王子，不久后定将成为蒲甘之王。神灵将保佑你。"

这时，蒲甘城里开始出现了关于下一任国王即将出现的传言，大家都在议论和猜测这一王位的继承人将会在什么时间和什么地点现身。一日，忽然有传闻道，新国王即将现身蒲甘城东面的都云山，于是人们纷纷相约前往一睹新王的容貌。

这名课税官听说消息后，也希望去看看新国王的模样，匆匆完成了当日的税务，跟随着人群前往都云山。半路上，课税官遇到了一位骑马的老者。

老者对课税官说："年轻人，把我这匹马骑到蒲甘城去，我在此处还有紧要事情需办理。"

课税官回答说："我正急着去看新国王现世呢，恕不能帮你。"

老者再劝说道："年轻人，你若骑上我的马匹，这路途上岂不更能快一些。"

最终，课税官听从了老者的话，骑上了马。老者又把手中的发髻套、红宝石手镯、长柄枪、短柄剑等物品交予课税官，并说："你把这些物件也先拿去蒲甘城中央的广场，无须等我。"说完，转身而去。

课税官却不知，这位老者原是帝释天下凡。

课税官戴上老者交给他的发髻套和红宝石手镯，手持长柄枪、腰间挎着短剑，顿时威武了起来。正当人们在都云山焦急地等待新国王现身的时候，只见课税官急匆匆地骑着骏马赶来，身后霞光万丈，仿如天神下凡一般。人们惊呼，认定来者必是蒲甘国新的王位继承人。

课税官自己也十分惊讶，顿时想起沙针树神说过的预言，眼下已印证成为现实。于是在众人的簇拥下，课税官骑马来到蒲甘城王宫。

当都基王更是大惊，站在殿前大呼："本王尚在，谁敢逆反？"只怪这当都基王命数已尽，当年曾助其登上王位的石人复活后转而持石杵向当都基王击去，可怜这"胡瓜王"倒在殿前，一命呜呼。课税官随即登基，成为蒲甘国第三十九任国王，史称宫错姜漂王（缅历 326—348 年，即公历 964—986 年在位）。

话说当都基王有 3 个王妃，宫错王继位时，大王妃和二王妃都已怀有身孕，后分别产子，是为蒲甘国第四十任国王基梭[①]和第四十一任国王叟格德[②]。而三王妃跟随了宫错姜漂王，生育了一子，这便是缅甸历史上著名的阿奴律陀[③]王。

在宫错王继位后的第二十二年，王子基梭和叟格德修建庙宇，谎称为父王祈福，诱骗宫错姜漂王前往。两位王子却借机强迫宫错姜漂王退位出家，并将父王囚禁在了寺庙中，对外却宣称出家是宫错姜漂王本人的意愿。

随后，基梭王继位，成为蒲甘国第四十任国王。继而，叟格德王继位，是为第四十一任蒲甘王。一日，叟格德王对弟弟阿奴律陀说道："弟亦子，兄即父。"阿奴律陀不懂其为何意，于是前往寺庙询问被囚禁的父王。老国王告诉阿奴律陀："你兄长这是要纳你母亲为妃的意思啊！"[④]

阿奴律陀听罢十分恼怒，遂与叟格德王单独生死决斗，并把叟格德王击杀马下。取胜后的阿奴律陀登上了蒲甘国的王座，成为蒲甘国第四十二任国王，并开启了辉煌的蒲甘王朝时代。

---

①基梭（Kyiso），旧译作弃须，公元986—992年在位。

②叟格德（Sokka—te），旧译作须迦帝，公元992—1044年在位。

③阿奴律陀（Anawratha），公元1044—1077年在位。缅甸蒲甘王朝的建立者，在历史上首次统一了缅甸全境。

④缅甸古代王宫中，有新任国王娶前任国王的妃后为妻的做法。

（十一）阿奴律陀王（缅历 406—439 年，公元 1044—1077 年在位）

包括后期统一全缅的蒲甘王朝在内，蒲甘国一共经历了 55 任国王。其中，伟大的阿奴律陀王是第四十二任国王，在位时间为公元 1044—1077 年。由阿奴律陀王开创的蒲甘王朝是缅甸历史上的第一个统一王朝。蒲甘王朝时期的缅甸，国家和民族兴盛，宗教和社会文化发达，军事和国力强盛。

1. 王子江喜陀

虽然是起因于对母亲的不敬，阿奴律陀对曾经杀死自己的哥哥叟格德王一事始终悔恨不已。于是，阿奴律陀王修建了数量众多的佛塔和寺院，希望以此来忏悔自己的过错。

来自阿萨姆地区的吠舍厘国[①]为与蒲甘王朝交好，把本国公主彬莎耶妮献给阿奴律陀王为妃。在返回蒲甘城的路途中，护送车舆的使臣暗地里爱慕上了公主。到达蒲甘城后，阿奴律陀王与彬莎耶妮公主在王宫举行了盛大的婚典。正当阿奴律陀王要册封公主为王妃时，使臣出于私心向阿奴律陀王禀奏，谎称公主为假冒。阿奴律陀王信以为真，一怒之下把公主发配到蒲甘以北的实皆地区[②]。殊不知，此时公主已怀有阿奴律陀的骨肉，即是后来的蒲甘王朝著名的江喜陀王。据传说，在公主怀上江喜陀时曾发生了地震，天地的异象预示了即将诞生非凡之人。

一时间，在蒲甘朝野流传着在北方即将出现新国王的传闻。阿奴律陀王对传言十分担忧，于是下令杀死在北部地区凡能找到的孕妇、婴幼儿和儿童。因为有神龙护身，江喜陀逃过一劫。江喜陀其名也由此得来，其缅文的意思是“幸存下来的那个天命男孩”。可能是出于对预言的深信不疑，或是出于

①吠舍厘国，巴利文Vesālī的音译，位于印度比哈尔邦巴特那附近，是佛预言的涅槃之处，佛教史上曾在此地举行第二次佛经结集。（见玄奘、辨机著，季羡林等校注：《大唐西域记校注》，中华书局2000年版，第587—607页）

②实皆地区，即现今实皆省，旧译作实阶。

对神龙威力的敬畏，后世对这一历史故事中被杀害妇孺的人数的说法多少有些夸大了。

江喜陀少年时即被母亲送进寺院，出家做了一名僧人，跟随大法师修行佛法。此时，又有预言从坊间传出，称未来的国王已经出家为僧。阿奴律陀王听闻后，再次十分惊恐。但这次的情形却不同于上次，阿奴律陀王有再高的威权也不敢做杀害佛门僧人这样大逆不道的事情。于是，国王以献斋布施为由，把全国的僧人请到了王宫，趁僧人们喝水时暗中观察，发现其中一人从喉咙中射出阵阵光芒，便断定此人即是传闻中的未来国王。

阿奴律陀王向身旁文武大臣们问询："这个人便是未来国王吗？是否即将夺去朕的王座？"一旁有明事的大臣答道："陛下之后，将会再有一任国王继位，才能轮到此人为王。"

阿奴律陀王听后猛然悔悟，大呼："尔等为何直至今日才向朕说明，朕恐遭人抢夺王位，误杀许多性命，真乃罪过！"

从此之后，阿奴律陀王便把江喜陀留在身边，后江喜陀成为殿前的一员猛将。

2. 能人异士

在阿奴律陀王身边汇聚了一众能人异士，他们共同辅佐阿奴律陀王成就了霸业。其中，最为人熟知的 4 人便是江喜陀、额兑育、额隆莱帕和良乌比。关于江喜陀，前面已经有过叙述。这里再对其他几人做介绍。

额兑育，敏木镇人，擅爬树，曾专为别人采摘棕榈果，传闻他在半日内便能独自采摘完 100 棵棕榈树的果实。

额隆莱帕，卜巴山人，擅驭牛耕种，曾一人轻松驾驭 30 犋耕牛，以常人难以想象的速度犁完大片田地。

良乌比，良乌镇人，擅游泳，体力过人，能够从埠头快速奔跑着下水，只身游泳横渡伊洛瓦底江，抵达江西岸后，再游回对面河岸。而且，在返程时仅凭臂力，无须双脚划水，上岸后还能飞快跑回至埠头。

其他的能人异士，还有人们熟知的 4 个人便是毕阿韦和毕阿达兄弟以及瑞品基和瑞品艾兄弟。

毕阿韦和毕阿达兄弟俩是来自印度的穆斯林。由于遭遇海难，渡船沉没，兄弟二人从海上漂流到下缅甸地区的直通[①]，直通国王的国师收留了二人。当时人们纷纷传言，认为这一对兄弟是因为吃了佐基[②]的肉才变得神勇无敌的。直通国王听闻后十分惧怕兄弟二人，下令抓捕他们。哥哥毕阿韦在熟睡时被抓并被国王处死。直通国王还下令把毕阿韦的四肢斩下，分别深埋在直通城的四方城墙之下。国王深信这样做能够阻挡敌人攻城。

弟弟毕阿达侥幸逃脱来到了蒲甘城，投奔并效忠于缅王阿奴律陀。毕阿达颇具神通，一天之内，他可以从蒲甘城至其以东约 30 英里处的卜巴山往返 10 次。于是，阿奴律陀封他做传令官。

话说毕阿达往返卜巴神山的次数多了，与山中神女相爱且结为夫妇，并育有二子，这便是瑞品基、瑞品艾兄弟。后来，毕阿达因惦念神女母子，疏失职守，被其他大臣向缅王告发，因此获罪被处死。父亲死后，瑞品基、瑞品艾兄弟继续在宫中侍奉阿奴律陀。

一次，阿奴律陀前往中国求取佛牙，返回途中到达如今曼德勒以北的当柄村，便下令修建佛塔，命名为如愿塔，并要求所有大臣都要向所建佛塔捐献砖瓦，以做功德。瑞品基、瑞品艾兄弟二人却贪恋路途景色，迟误了呈献功德砖的时限，因而触怒了阿奴律陀，双双获罪被缅王处死。

瑞品基兄弟二人死后化为了神将。似乎是两神将有冤情倾诉，当阿奴律陀从当柄村乘船继续沿伊洛瓦底江南下时，其所乘坐的大船虽然是顺流行驶，却被两神将阻挡，在江中停滞不前。阿奴律陀身旁的占卜师见状，向他禀明了原因。阿奴律陀急忙下令在如愿塔的旁边再修建两座神龛，塑造瑞品基、瑞品艾兄弟二人神像供奉其中，并周知附近的村民前往祭拜。如此这番，滞留江中的缅王船队才得以继续向南前行。

---

①直通，缅甸古代名城，早先为缅甸南部孟族建立国家的都城。

②佐基，缅甸古代传说中得道的仙人。

而今，在当柄村还遗留有这座历史传说中的佛塔，在塔中仍有两处砖块的位置空缺，据说便是瑞品基、瑞品艾兄弟二人当年本应负责却疏漏建造的部分。不过，因为兄弟二人的历史传说故事，当柄村成为缅甸祭拜传统神的圣地。直至今日，当柄村每年都会举行祭神节，祭拜包括瑞品基、瑞品艾兄弟二人在内的缅甸传统神灵。

图 7　位于当柄村的瑞品基、瑞品艾兄弟神像

貌丁岱兄妹的传说和瑞品基、瑞品艾兄弟的传说成为蒲甘时期最为著名的传统神灵起源故事，也是缅甸最为人所熟知的神灵信仰传说。

3. 佛教兴盛之初

以上我们谈到，至少到了蒲甘国第三十八任国王当都基王在位的时候，佛教并未盛行。缅甸的宗教信仰仍然是以祖先崇拜和龙蛇崇拜等神灵供奉为主，另外还盛行被认为是大乘佛教支系的阿利教。直到阿奴律陀继位初期，这种状况都没有发生太大的改变。不过，代表更为纯正的佛法的南传上座部佛教随后开始在缅甸兴盛起来。

关于阿利教，其信徒虽然自称是佛家弟子，但言行皆有悖于佛法，谓其为伪僧也不为过。阿利僧身着皂色袈裟，蓄长发，信仰龙蛇，推崇符咒、方剂和炼金术。阿利教宣称即使是犯下恶行，或只需念诵本教的消灾经，或依顺本教仪轨献祭，也能够避免轮回的惩报。

阿利教最令人厌恶之处是在百姓举行婚礼后，要把新娘先送入阿利僧寺中，由阿利僧行使"初夜权"，并宣称如若违背将会受到谴罚。

阿奴律陀王登基后成为一位贤明圣德的国王，他清楚地看到阿利教违背佛法的种种劣行，开始对阿利教采取限制和查禁等措施。阿利僧为了躲避国王的追查，把本教符咒经文用树皮包裹后藏匿在林中。阿奴律陀王识破了伪僧们的诡计，令人进入山林搜出了这些符咒经文后将其焚毁。

4. 直通迎三藏　佛法归正统

正当阿奴律陀王设法取缔蒲甘的阿利教时，从直通地区来了一位护持庄严佛法的阿罗汉长老。阿奴律陀王礼待了阿罗汉长老，并从长老处得知，南传上座部才是佛法正统。蒲甘国王自此皈依了上座部佛门。

阿奴律陀王从阿罗汉长老口中得知上座部正统典籍三藏佛经保存于直通孟人地区，随即备下丰厚礼品并致书信给直通孟王摩奴哈，希望孟王能够赠予三藏经。摩奴哈王却称蒲甘国野蛮不化，拒绝了蒲甘国王的要求。阿奴律陀王大怒，亲率大军征讨直通国。

随同蒲甘王阿奴律陀征直通的既有江喜陀等众猛将，还有如毕阿达这样的能人异士。话说毕阿达的兄长毕阿韦被直通孟王所害，为了防止敌人侵入，孟王当年还把具有神力的毕阿韦的四肢埋在了直通城的城墙下。如今，弟弟毕阿达跟随阿奴律陀王来到直通城下，从嫂嫂处获知了哥哥毕阿韦四肢埋藏的地点。蒲甘军队于是得以避开直通城墙最为坚固的位置，攻破了城池。

蒲甘王阿奴律陀战胜了直通国后，把孟王摩奴哈和三藏佛经连同直通国宫廷中的众多南传上座部比丘，还有很多匠人和艺人，一起带回了蒲甘城。这次载入缅甸历史的重要战争发生在公元1057年。

图 8 阿难陀佛塔内藏的阿罗汉尊者石像

自从三藏佛经到了蒲甘城之后，原先的阿利教在民众中愈发失去了曾经的地位，逐渐消匿灭亡，而代表了正统佛法的南传上座部佛教从此在蒲甘王朝兴盛了起来。也是从那个时期开始，如今所使用的缅甸语文字开始出现并发展了起来。缅文作为一种新的文字系统，是在印度南部的婆罗米字母基础上创制的，婆罗米字母则是在约公元6世纪时传播到孟族地区的。除使用了新的文字以外，因为从直通国王宫里带来的众多能工巧匠，也使得蒲甘国的砖石建筑和制铁等工艺得到了很大的发展。

被俘虏的孟王摩奴哈先被妥善地安置在蒲甘城附近的敏格巴镇。起初，孟王身体里的法力尚存，每当说话时，能从喉中射出道道金光。缅王阿奴律陀因此对孟王也惧怕三分。不过，阿奴律陀王礼遇孟王，一直向摩奴哈敬献斋饭。孟王食用了斋饭后，消弭了心中怨恨，因此卖掉了象征王权的手镯，并将所得捐献，以建造佛塔。所建的这座佛塔得以保存至今，称为摩奴哈佛塔。据称若前往这座佛塔拜谒，能够平抚因他人的成功或胜利所导致的不安心境。最终，孟王摩奴哈及其王后被阿奴律陀王送往蒲甘城的瑞喜宫佛塔，从此潜心佛门，平静地度过余生。

图 9　位于蒲甘的摩奴哈佛塔

图 10　为安置摩奴哈所修建的行宫，位于蒲甘

5. 远征若开地区和中国[1]

上座部佛教得到了阿奴律陀王的大力护持，在蒲甘地区快速传播。阿奴律陀王继而前往若开地区[2]求取佛陀圣像摩诃牟尼。但因为中途艰险，这一愿望未能实现。

此外，为了弘扬蒲甘的佛教，当得知在中国西南地区的南诏国供奉有佛牙后，阿奴律陀再亲率军队前往求取，江喜陀、瑞品基兄弟等一众将领随行。当缅军行抵中国城池之下，中国皇帝[3]下令紧闭城门，拒见缅工。

瑞品基和瑞品艾兄弟神通广大，领受缅王军令，夜里潜入中国城池。兄弟二人偷偷进入中国皇帝的寝宫，将寝宫里计时所用水滴滴漏容器中的水用吸管放尽。两人甚至还来到了中国皇帝榻前，在中国皇帝熟睡之际，用石灰粉在床前画下 3 道横线，同时还在墙上留下字迹，写道：如若中国皇帝在拂晓时分不前往拜会缅王，必将再入寝宫，并且将会直入所画下的 3 道石灰线以内。

阿奴律陀再命大将江喜陀把中国人供奉的铜制女神像用绳索捆绑，并用加持有法力的藤条鞭笞。神像疼痛难耐，发出大声的哀吟。

当中国皇帝清晨醒来发现寝宫中发生的异常，特别是面前地上的石灰粉和墙上的文字，顿时大惊。当再听到城外神像的哀吟声便一刻也不敢耽误，率领着文武众臣，打开城门，前往拜会阿奴律陀王。见面后，两位君主冰释前嫌，握手言和，缅甸与中国从此化干戈为玉帛。

虽然阿奴律陀王决心迎请佛牙，佛牙却似乎并不愿随往，缅王终未能如愿。不过，此番中国之行，蒲甘国王迎回了一尊据信是帝释天赐予的玉佛。

---

①此段情节在中文史料中未见记载。

②若开，位于缅甸西部沿海，主要居民为若开族，因与位于东部的缅族地区之间有南北走向的伊洛瓦底江和若开山脉等天然的地理隔断，历史上曾长期自立为国。

③中国皇帝按前后文情节，此处应为“南诏王”，下同。

6. 娑摩拉

话说阿奴律陀从中国返回蒲甘的途中路过北部掸族地区，掸人九邦[①]的土司向蒲甘国君献上一名美女为妃，名叫娑摩拉。

蒲甘大军继续行进，抵达现今当柄村一带时，阿奴律陀王下令修建佛塔，以铭记前往北方迎取玉佛之事，并命名佛塔为如愿塔。瑞品基、瑞品艾兄弟二人却因疏忽，没有按时限备齐建塔所用砖石被缅王责罚处死。兄弟二人死后成为缅甸的民族神，受人供奉。

返回蒲甘宫中后，阿奴律陀王十分宠幸娑摩拉，把她留在了身边。这却引来了宫廷中其他妃嫔的妒忌，她们设下阴谋，在娑摩拉佩戴的一对耳钉上涂抹药物，使得耳钉时常发出一股神异的光芒。妃嫔们将此事禀奏缅王，诬陷称娑摩拉是一名巫女。阿奴律陀也疑心观察，果然看到娑摩拉身上异光闪烁，便也不详究，断定娑摩拉确为巫女，将其遣送回掸邦故地。

7. 瑞萨央佛塔

娑摩拉带着数名扈从，收拾行装，返回掸地。当一行人到达现今曼德勒东南方向附近的时候，在路旁修建了一座 5 缅尺高的小佛塔，并将自己的那对耳钉取下供奉于塔中。佛塔建成时，佛龛门朝东面自己的家乡掸地木邦[②]方向开着。这座佛塔便是至今都十分著名的瑞萨央佛塔。

阿奴律陀王得知娑摩拉建塔一事后，派出御林骑兵前往查证，并下令：如果佛塔的佛龛门朝向东面掸邦开就要将娑摩拉抓回处死；如果佛龛门朝向西面蒲甘开则可以宽恕娑摩拉，放其继续东去。

蒲甘的骑兵一路急行，当日晚上便追上了娑摩拉一行。娑摩拉向蒲甘的

①历史上对缅北掸族聚居的孟密、孟拱、孟养、孟乃、孟摆、兴威、瑞良、底博、当都共九地的合称。（见〔缅〕吴登莱编：《缅甸古代历史研究词典》，缅甸教育部高校历史研究委员会刊印，2002年第2版，仰光，第149页）

②木邦位于现今缅甸掸邦北部腊戌、兴威一带，中国元代曾在该地设置木邦路军民总管府，明代曾设置木邦宣慰司。缅甸把在这一地域生活的掸族称为“木掸”“毛掸”。

军士们授以贿赂，得知了其来意。于是，娑摩拉用自己金色的披肩裹住佛塔，并向神明祷告，希望能够保佑她渡过这一劫。神明辨明了实情，施用法力，这5缅尺高佛塔的坐向居然在一夜之间调换了方向，佛龛门改向了，改朝西方蒲甘城打开。

至于佛塔为何能够在一夜之间发生这样的变化，这或许是因为娑摩拉虔诚的祷告得以灵验，也或许是因为这一座佛塔确实太小了，一晚上的时间足够用来将其重建。况且，娑摩拉还有侍卫随同，做到这一点应该并非难事。

清晨，蒲甘王宫的骑兵们惊讶地看到了改变了坐向的佛塔，无奈依照阿奴律陀王的谕令放行了娑摩拉公主。阿奴律陀王得知这一消息后，却也十分满意，甚至还向这座佛塔捐赠了1000亩的土地。

后来，蒲甘王朝阿朗悉都王①继位时再次向这座佛塔献地，扩大了佛塔原有占地。阿瓦王朝孟养德多王②在位时，又兴土木，增加了这座佛塔的高度。因为有历史上的这段传说，瑞萨央佛塔自古至今，凡逢节会，缅甸各地前来拜谒的信众络绎不绝。

8. 瑞喜宫佛塔③

众所周知，在缅甸古代历史上，自蒲甘王朝阿奴律陀王在位时开始，君民上下崇敬佛事，全国各地广建塔寺。此后，缅甸的各朝各代和历任的君主们对兴修王宫寝陵都并不热衷，而是把精力和财力都专注于各式佛塔的建造上，其中不乏规模宏大、样式精巧的经典佛塔建筑。这些古代的佛塔，不仅是佛法弘扬的象征，还留存有大量的石刻碑铭，其上记载了缅甸各代君主们治国的功绩。这些碑铭连同佛塔本身成为后世人们不断重新认识缅甸历史的珍贵资料。如今，每当人们站在瑞萨央佛塔前便会回想起历史上娑摩拉那段

①阿朗悉都（Alungsithu），公元1112—1167年在位，蒲甘王朝第四任国王。

②孟养德多（Mohnyinthado），旧译作孟养他切，公元1427—1440年在位，阿瓦王朝第十任国王。

③瑞喜宫佛塔，蒲甘地区佛塔群中“五最”之一，为修建年代最早的佛塔。

坎坷起伏的经历。

最早主持修建瑞喜宫佛塔的是蒲甘王朝的阿奴律陀王。缅历 421 年，阿奴律陀王令人拆除了位于骠国旧都室利差呾罗城的古代佛塔。据信这座佛塔是由建造室利差呾罗城的骠王竺多般所建。阿奴律陀王命人取下佛塔塔尖供奉着的佛祖额饰舍利，将其供奉于最初修建的瑞喜宫佛塔内。瑞喜宫佛塔在陆续建造了 3 层塔座后，阿奴律陀王又从锡兰求来佛牙舍利，将其供奉在佛塔地宫中。蒲甘王朝另一位著名君主——阿奴律陀之子江喜陀王继位后，继续对瑞喜宫佛塔加以扩建和修缮，最终完成了这座著名佛塔的建造。蒲甘瑞喜宫也成为缅甸古代早期佛塔样式的典范，此后的缅甸古代佛塔的建筑样式与风格都纷纷仿照瑞喜宫佛塔来修建。

9. 出兵援助勃固欧达王

有一年，来自清迈方向的泰 - 高棉军队侵犯勃固。① 勃固的欧达王于是向阿奴律陀王请求援兵。缅王便派遣江喜陀等 4 员大将率领 80 名印度勇士，南下勃固驰援欧达王。

蒲甘援军击退泰 - 高棉军队后，欧达王十分高兴。作为答谢，欧达王把貌美的女儿摩妮姗达公主连同舍利子一起献给阿奴律陀王。临行前，勃固国王还将一尊与公主体重相当的狮像交予江喜陀等 4 名缅军大将带回。

10. 江喜陀避难

在返回蒲甘的途中，4 员缅军大将轮流负责看护勃固公主。轮到江喜陀当值时，江喜陀与摩妮姗达公主二人一见倾心，相互萌生爱慕。在返回蒲

①阿奴律陀在位期间（1044—1077）正逢吴哥王朝国力全盛时期，吴哥国王苏利耶跋摩一世在位期间（1002—1050），吴哥王朝的疆域曾扩张到了素可泰、宋加洛、罗斛（华富里）等地，并吞并了孟人的国家（见〔泰〕琼赛：《泰国与柬埔寨史》，厦门大学外语系译，福建人民出版社1975年版，第31页），但在与孟人国家的战争中遭到来自蒲甘国阿奴律陀王的大将江喜陀的重挫。（见陈显泗：《柬埔寨两千年史》，中州古籍出版社1990年版，第259页）

甘王宫后，此事被人向阿奴律陀告发。阿奴律陀王遂大怒，命人将江喜陀用绳索缚住，亲自用宝矛刺去。不料矛尖刺偏，不但没有刺中江喜陀，反而把捆绑江喜陀的绳索斩断。江喜陀捡起宝矛，当着阿奴律陀的面，逃身而去。江喜陀这一离去就再也没有回到阿奴律陀身边。

还记得当年护送江喜陀母亲彬莎耶妮公主的使臣也未能尽职守责，擅自与公主私好，如今同样的情节也发生在了江喜陀的身上，这真是多么令人唏嘘的一幕啊。

有关江喜陀逃走避难和最后再成为蒲甘国王的经过，我们再单独讲述。

11. 阿奴律陀巡视各地

阿奴律陀是缅甸历史上的一位伟大君主，他在位期间曾经亲自巡视蒲甘王朝的各地城镇。有一次，阿奴律陀巡视抵达位于印度方向的孟加拉地区，在当地命人用石头按宫中乐师的样子雕刻成人像，有的敲鼓，有的打锣，还有的在弹奏弯琴。这些神态各异、栩栩如生的雕像被安放在道路的两侧。阿奴律陀王认为蒲甘王朝会继续昌盛，当自己的子孙继位后还会再来此地巡视，到那时，这些石像仍旧能够在道路两旁迎送蒲甘王朝后来的国王们。

又一次，阿奴律陀王来到掸族生活的高原地区，从那里了解到了沟渠灌溉给农业带来的好处。缅王的到来并非是为了炫耀武力，而是要提高蒲甘国王在地方和百姓中的威信，并到实地体察民情，开阔眼界。从掸地返回后，阿奴律陀命令在全国范围内大兴水利，蒲甘国的农业生产得到了发展，商业贸易也繁荣了起来。

阿奴律陀还下令在王国的北、东和东南方向的边境上修建要塞，在国内各地扩建和新建城镇。在阿奴律陀的统治下，蒲甘王朝的国力变得日益强盛起来。

12. 阿奴律陀王之死

有一天，阿奴律陀王前往一条正在挖凿的灌溉沟渠巡视，正当他在沟渠旁搭建的临时营帐里休息时，忽然听到从帐篷地下传来阵阵蛙鸣。缅王询问近旁的婆罗门占卜师："此蛙因何而鸣？"占卜师回答："雄蛙死去，雌蛙身负雄蛙哀鸣，此乃不祥之兆。[①]此凶兆预示陛下在不久之后将遭敌毒手，薨于返回王宫的途中。"阿奴律陀王听后大怒，立即令人掘开地面查看，果然发现一只青蛙身负另一只死去的青蛙，情形与占卜师所说一致。缅王仍呵斥占卜师："定是汝设下戏法来讹本王。"于是下令军士用枷锁将占卜师捉拿起来，投入大牢。[②]

缅王阿奴律陀随后拔营回宫。缅王乘着战象返回蒲甘王城，在城门口遇见一名猎夫，猎夫奏称在木各具镇[③]的昂达河岸边有一头野牛出没，时常伤及人畜。缅王闻奏后道："岂有此理，待本王前去除了那头孽畜。"此时，虽然阿奴律陀王所骑乘大象的前脚已经踏入城门，却又调转回头，再次出城。林中，阿奴律陀王与野牛遭遇，不料野牛自远处忽然朝阿奴律陀王猛然奔过来，缅王躲闪不及，死于野牛冲撞的犄角之下。缅王随行的侍从见状，无不惊慌失措，四散逃去。后来，甚至阿奴律陀王的尸首都不曾寻获。

传说这头冲撞阿奴律陀王的野牛并非普通的牛，原是树神所变化。传说当年阿奴律陀王前往中国求取佛牙，途中曾遇见一榄仁树和居于树上的树神。缅王当即命树神下地叩拜。树神不从，引得缅王嗔怒，命人以藤条鞭打树神。树神遭受鞭笞后逃匿，由此对阿奴律陀王怀恨于心。如今树神料及缅王气数已尽，便化身成野牛前来复仇。

阿奴律陀王作为缅甸古代历史上的首位伟大君主，第一次统一了缅甸全境，建立起了缅族统治下的蒲甘王朝。缅甸的政治、经济因此得到了巨大的

①此为迷信的说法。在繁殖季节，雌蛙背负雄蛙是蛙类的交配现象，生物学上称为"抱对"。

②阿奴律陀后来在鸣蛙启示之处建造一座佛塔，名为"负蛙塔"。该塔位于新阶（曼德勒省皎栖县）以北的栖多寺。相传后世缅甸国王曾将婆罗门占卜师关押在负蛙塔西侧的一个园子里，倘若婆罗门占卜师的预言不灵验，将会被处死。这个园子里至今仍有婆罗门居住。后来，预言成真，婆罗门占卜师们得以被释放。因为有此典故，后人又在新阶以西再修建了一处佛塔，名为"赦罪塔"。

③木各具镇，现位于缅甸中部的马圭省。

发展，国力强盛，特别是以南传上座部佛教为代表的宗教文化呈现出空前的繁荣。阿奴律陀王也因其功绩被铭记史册。

（十二）苏卢王[1]（缅历 439—446 年，公元 1077—1084 年在位）

阿奴律陀王意外身亡后，王子苏卢继位，这便是苏卢王。在国师上座部高僧阿罗汉和朝中诸文武大臣们的力谏之下，苏卢王召回了父王在位时逃走的大将江喜陀。可江喜陀回朝后，却传出又与王妃摩妮姗达暧昧，而此时摩妮姗达已被苏卢王重新立为王妃。苏卢王闻悉后迁怒于江喜陀，再一次将其逐出王宫。之后不久，众大臣又劝说苏卢王赦免江喜陀，就这样江喜陀再次被召回宫继续辅佐国王。

1. 额罗曼甘

额罗曼甘本是苏卢王儿时的乳娘之子，自幼与苏卢王一同在宫中长大，二人常互以兄弟相称。苏卢王继位后，册封额罗曼甘为勃固侯。相传，额罗曼甘有一只眼睛失明。

一日，苏卢王与额罗曼甘在宫中置设骰子游戏。其间，额罗曼甘赢得一局，甚是得意，起身面对苏卢王拍臂夸耀[2]。苏卢王一时感到被羞辱，怒道："你这厮，只赢一局，却在本王面前如此狂妄！若真有本事，岂不要踞你那勃固之地，想反了不成？"哪不知这额罗曼甘听完，当时虽不作声，待回到勃固后果真起了反心，聚集了军队向蒲甘王城进发。额罗曼甘率领的叛军在距蒲甘城不远的比都达丘扎下营帐来，准备伺机攻城。

2. 江喜陀

苏卢王和江喜陀闻讯后，随即率领大军前来迎战平叛。狡诈的额罗曼

①苏卢（Sawlu）王，旧译作修罗王。

②缅人常以拍打臂膀表示兴奋、得意、炫耀，以至示强的意思。

甘下令用藤条制作成战象和士兵的模样，在夜间悄悄地放置在一片沼泽泥地里，佯作布阵。苏卢王不知是计，在夜幕下远观误认为是敌军，乘战象突袭，不料战象陷入泥沼中被困。额罗曼甘此时乘势出击，苏卢王大败。混战中，苏卢王从战象背上挣脱，逃到一棵榕树的树洞里躲藏了起来。

江喜陀也骑马从乱军中逃脱，单骑急奔一整夜，逃回了蒲甘城。王宫中众大臣见状，拥簇上前拜奏道："如今吾王兵败不知去向，将军论德能出身均可服众，请将军登王位。"江喜陀为人正直，答道："吾王尚生死不明，身为臣子，不可不忠不信。当务之急是尽力寻找吾王下落。如若吾王果真遇难，再听从尔等不迟。"说完，稍做整备，再次返回战场。

话说苏卢王一人躲在树洞中，由于三餐未进，饥饿难耐。他冒险从树洞中出来，想在附近找寻一些食物。走出不远，苏卢王便看见一名额罗曼甘部的军士正在柴堆下吃饭，于是走上前去，掏出随身的一支手镯，想用以换取军士手中的饭食，并希望军士不要向任何人提及此事。那军士一看这支手镯价值不菲，欣喜万分，立刻答应了，随即把食盒递给了苏卢王，高举着手镯兴奋地跑回了军营。额罗曼甘在营帐中听闻后，断定讨食者必是苏卢王，马上率遣军士前往，果真遇见苏卢王，遂将其抓获囚禁了起来。

江喜陀只身乘夜色潜入额罗曼甘的军营找到了被囚禁的苏卢王，他将苏卢王背在肩上就往营外跑。苏卢王却在江喜陀的背上思忖："江喜陀曾经对我不敬，我也曾斥责并处罚过江喜陀，现今他像这样把我掳走，莫非是想要害我？再想那额罗曼甘是我一母同胞，想必不会加害于我。"想到这里，苏卢王居然大声喊叫起来："江喜陀来把我掳走了！"这一喊让江喜陀大为诧异，回道："昏君，就让你在得楞人手中落个猪狗一般的下场吧。"[①] 说罢便把苏卢王弃在一旁，独自逃离敌营。额罗曼甘再次将苏卢王抓获，说道："若留汝，必再引来敌军。"当即下令将苏卢王处死。

---

①得楞人指孟族。因勃固古代为孟地，且额罗曼甘为勃固侯，此处也指代额罗曼甘的军队。

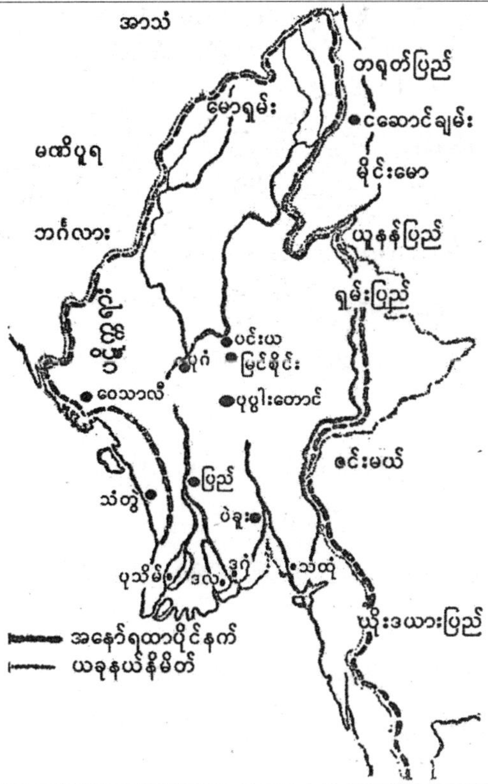

အာသံ	阿萨姆
မဏိပူရ	曼尼普尔
ဘင်္ဂလား	孟加拉
တရုတ်ပြည်	中国
မောရှမ်း	木掸
ငဆောင်ချမ်း	永昌
မိုင်းမော	勐卯
ယူနန်ပြည်	中国云南
ရှမ်းပြည်	掸人统治地区
ပဋိက္ကရား	帕泰卡亚
ဝေသာလီ	维沙利
ပင်းယ	彬牙
ပုဂံ	蒲甘
မြင်စိုင်း	敏赛
ပုပ္ပါးတောင်	卜巴山
ပြည်	卑谬
သံတွဲ	丹兑
ပဲခူး	勃固
ပုသိမ်	勃生
ဒလ	达拉
ဒဂုံ	德贡
သထုံ	直通
ဇင်းမယ်	清迈
ယိုးဒယားပြည်	阿瑜陀耶国
အနော်ရထာပိုင်နက်	阿奴律陀统治下的缅甸疆域
ယခုနယ်နိမိတ်	现今（缅甸）国境线

图 11　苏觉瓦王（缅历 648—660，公元 1286—1298 年在位）统治时期蒲甘王朝的疆域，包括阿瑜陀耶、德林达依、叻瓦补罗、林城、清迈、掸国东部等地，这一版图从阿奴律陀王时期一直维持到了蒲甘王朝末代国王德由披敏王在位[1]

①叻瓦补罗，古代缅泰边境的一个小国，也有认为其位于现今泰国华富里一带。林城，Linzin，即如今老挝万象附近。（见〔英〕哈威著、姚楠译注、陈炎校订：《缅甸史》，商务印书馆1957年版，第291页）德由披敏王，缅甸蒲甘王朝后期国王，原名为那罗梯诃波帝（Narathihapate，公元1254—1287年在位）。

江喜陀只身逃回本部，他联合了勇力过人的梯莱[①]村头人、猎人额辛等豪杰，重新召集起自己的军队，准备与额罗曼甘一决胜负。

额罗曼甘此时要自立为王，率大军来到蒲甘王城下。留守蒲甘城中的蒲甘朝廷大臣们在城楼上向额罗曼甘高喊："如今江喜陀尚在，一山不容二虎，若你能赢得江喜陀，我等便拥你为王。"

江喜陀与额罗曼甘所率两军在蒲甘城外发生激战。额罗曼甘兵败，乘木船顺伊洛瓦底江向南逃去，却被江喜陀手下大将额辛在江边发现。额辛在树丛中佯作鸟叫，引得额罗曼甘从船舱中伸出头探望，额辛乘机举弓射去，正中额罗曼甘的独眼，致其当即毙命。

江喜陀众望所归，被蒲甘城中众大臣们拥立为新的蒲甘国王。

（十三）江喜陀王（缅历 446—474 年，公元 1084—1112 年在位）

关于江喜陀，前文已讲述过其因母怀胎时天有异象、其父阿奴律陀王意欲杀之、出家为僧、与其父重逢并效力其父、与摩妮姗达公主相爱、再次出逃等情节，此处不再赘述。

前面提到，江喜陀因摩妮姗达公主而触怒父王阿奴律陀并遭罪罚，江喜陀因此出逃至姜漂[②]一地，在当地一位高僧门下避难。其间，与长老外甥女丹蒲拉[③]一见钟情，两人自行定下终身。

阿奴律陀逝后，江喜陀再次被召回蒲甘城辅佐新国王苏卢。离别时，丹蒲拉已怀有江喜陀的骨肉。江喜陀临行前将一只手镯留给丹蒲拉，并嘱咐说道："若生女孩，可变卖这只手镯把孩子养育成人；若生男孩，便带领孩子携手镯前来寻我。"

辅佐苏卢王期间，江喜陀再次与旧爱摩妮姗达交往甚密。此时摩妮姗达

①梯莱，现位于缅甸曼德勒省东南。

②姜漂，现位于缅甸实皆省南部。

③另有译作单补拉。

已是苏卢王王妃。江喜陀因此再遭苏卢王驱逐出宫。在众大臣的劝说下，苏卢王再次把江喜陀召回。后来江喜陀辅佐苏卢王征讨额罗曼甘并最终取得胜利，登上蒲甘朝王位。

江喜陀王共有 4 名王妃。其一是额贝亚德娜；其二是欧达王之女摩妮姗达公主，后被立为钦乌王妃；其三为姜漂寺院长老外甥女丹蒲拉；其四是梯莱镇侯之女钦丹。这 4 名王妃的身世以及与江喜陀的爱情故事，在缅甸古代各史书中有许多记述，或以诗歌，或以传记，无不赞颂她们的情深意切、知恩图报和深明大义的品格，常被缅甸历代各朝尊为后宫仪范。

额贝亚德娜原是江喜陀出生之地勃茵玛村[①]头人之女，是江喜陀原配，二人育有一女，名为瑞茵蒂。位于印度的钵底迦亚国[②]王子倾慕瑞茵蒂公主，提出迎娶公主。江喜陀就此事询问大臣们，大臣们禀奏道："如若瑞茵蒂公主果真与印度王子成亲，今后吾王子孙也将会变成印度血统，今后缅甸王国也将会归属印度。因此，公主与印度王子万不可成亲。"江喜陀王听从了大臣们的话，最终并未将女儿许配给印度王子，而是许配给了苏卢王之子，也就是江喜陀的侄子修云。修云与瑞茵蒂公主生育了一名男孩，这便是后世蒲甘王朝另一位著名的君主阿朗悉都。阿朗悉都自幼聪颖，深得外公江喜陀的疼爱。江喜陀在生前就把阿朗悉都立为储君。

江喜陀王的第二位王妃是摩妮姗达公主，即钦乌王妃。江喜陀痴情于摩妮姗达，以致被父王阿奴律陀和其兄苏卢王先后两次逐出王宫。江喜陀继位后，即便是曾作为侍奉过两任国王的后妃摩妮姗达仍然继续被立为王妃。

江喜陀王的第三位王妃是他被苏卢王驱逐在外期间所遇到的丹蒲拉。江喜陀继承蒲甘王位之后的第二年，丹蒲拉按当年江喜陀临别前的嘱咐，

①勃茵玛村，现位于缅甸实皆省南部。

②钵底迦亚国，古代南亚小国，位于现印度特里普拉邦（Tripura），西邻孟加拉国。（见［吴登莱编：《缅甸古代历史研究词典》，缅甸教育部高校历史研究委员会刊印，2002年第2版，仰光，第87页）

携带作为信物的手镯，带领儿子前来找寻江喜陀王。江喜陀当即承认了母子二人，并立丹蒲拉为妃，封乌差般[1]贵人。虽然江喜陀也非常喜爱与丹蒲拉所生之子，但因一直不知其母子二人的消息，便先立了长女瑞茵蒂之子、长外孙阿朗悉都为储君，不过江喜陀还是把远在若开的当辛七镇分封给了与丹蒲拉所生之子。缅甸常有“子伴身旁，孙行远方”的说法，而对江喜陀王来说却成了“孙伴身旁，子行远方”。

江喜陀在与额罗曼甘交战期间又娶了军事上的盟友梯莱侯之女钦丹，并立其为第四位王妃。

1. 建成瑞喜宫佛塔

阿奴律陀王在位期间修建了著名的瑞喜宫佛塔，但并未完工，仅建至塔基座第三层。江喜陀继位后，召集国内工匠继续修筑该佛塔。修建佛塔所需石料采自蒲甘城以东 6 里外的都云山，民夫们从石场一直排到了瑞喜宫佛塔前，用手传递砖石。相传江喜陀王为体恤众人，命人沿途种下罗望子树，所有树苗在一夜之间长成了大树，人们于是有了树荫的庇护。

2. 阿难陀佛塔[2]

在瑞喜宫佛塔完工以后，江喜陀王继续修建了更为雄伟的阿难陀佛塔。缅历 452 年，阿难陀佛塔修建完毕，以恢宏的气势和精美的工艺在蒲甘众多佛塔中独占鳌头。直至今日，阿难陀佛塔仍然是蒲甘地区最为壮观的佛教历史性建筑。

在阿难陀佛塔中雕塑有佛祖造像，塔内四壁之上绘有大量的佛教画像，其中包括有许多的五百五十佛本生经故事，最为特别的是塔内塑有高僧阿罗汉和江喜陀王本人的石像。

无论从宗教、文化或是历史的角度来看，阿难陀佛塔都可称为蒲甘地区

①乌差般，缅文意为“佩戴金钻头饰的高贵者”。

②阿难陀佛塔，蒲甘地区佛塔群中“五最”之一，为建筑最美观的佛塔。

图 12　位于阿难陀佛寺内的江喜陀王像

最为著名和最具历史文化意义的佛塔。

江喜陀王登上王位后的第二十八年离开人世。在位期间，江喜陀王躬勤政务，弘扬上座部佛教，蒲甘王朝的国力增长，各地民生富足，江喜陀王也因此深受人民的爱戴。在江喜陀王的出生地、居住地以及他的足迹所到之处，人们修建了许多佛塔，以表示对这位伟大国王的尊崇和纪念。

（十四）阿朗悉都王（缅历 474—529 年，公元 1112—1167 年在位）

江喜陀之后，其长孙阿朗悉都继位。阿朗悉都也是缅甸古代历史上一位伟大的君主，他有 4 个方面的功绩最值得称赞。第一是大兴水利，发展农业，在全国各地修建了水渠水坝灌溉农田，使得蒲甘国愈加富足起来；第二是在全国各地新建村镇，注重发展人口；第三是统一了全国的度量衡，开始使用重量单位如“安”“玛”“缅钱”“缅斤”，[①] 容量单位如“缅箩”[②]，还有长度单位如“缅尺”和“缅丈”，[③] 形成了缅甸本国的缅制度量衡单位体系；第四则是阿朗悉都王在位期间时常沿河道水路亲自到全国各地巡视，了解百姓疾苦。凡在国王乘坐的舟舫所停靠的埠头，都有人们修建的名为“旁多乌”的佛塔，意为国王乘坐的御舫所停靠的地方，以此来颂扬阿朗悉都王的功德。

阿朗悉都王不仅巡游国内各地，还曾御船出海，到达过周边各国。缅王下令建造能在海中行驶的大船。船自勃生港起锚，绕过内格雷斯角[④]，沿缅甸西海岸航行，沿途抵达印度、孟加拉以西海岸一带，以及锡兰岛附近的玛拉育岛、曼昂岛，最远航行至位于印度的南赡部洲[⑤]。

①按缅制，1缅斤合1.646公斤，1缅斤为100缅钱，1玛为1/4缅钱，1安为1/16缅钱。

②按缅制，1缅箩为16缅升，约合41公升。

③缅丈又称为“达”，在缅甸却有合4缅尺（又称肘尺）、7缅尺和10缅尺等多种计量方法，一般以7缅尺（约合3.2米）使用最多。

④内格雷斯角（Cape Negrais），位于伊洛瓦底江三角洲出海口陆地的西南端。

⑤南赡部洲是佛教传说中的四大部洲之南方世界，这里所指为印度南部地区。

缅王阿朗悉都出海游历还留下了许多传说和故事。①

缅王所乘大船刚刚绕过内格雷斯角，见远处丹吉山下一块石板之上有一神龙造像，其发出耀眼的白光，炫得众人不能睁眼。此时，只见缅王用一只翡翠手镯收了强光，这才使得众人能够目睹神龙本来的面目。

缅王乘船来到孟加拉，看到身旁在阿奴律陀王在位时期雕刻的石乐俑，便用命令的语气说道："见朕为何不奏乐？"话音刚落，这些乐俑如同被赋予了生命一样，一齐吹拉弹奏起来。

缅王乘船抵达玛拉育岛，岛上的居民模样奇特，如神魔一般。听到蒲甘国君乘海船而来，岛民纷纷前来观望，以致岸边水泄不通。其间有一女子在拥挤中不慎将怀中幼子摔落海水中，于是向缅王哭诉。缅王便用藤鞭击打海面，唤出海中女神尼梅卡拉从水中救出孩童，交还女子。

缅王的船队再行至曼昂岛时，曼昂岛国王因不愿向阿朗悉都王行叩拜礼，便在自己项上系一陶罐，投海自尽而亡。阿朗悉都王得知后，用手指着曼昂岛国王溺水之处说道："是因为不愿意向我跪拜才轻生的吗？如今汝仍须向本王行跪拜礼。"话毕，只见曼昂岛国王的尸身从水中浮起，向缅王跪拜。

在南赡部洲，阿朗悉都王来到一处森林，遇见一只巨型蜈蚣咬死一头大象，尽食其肉，并在象牙中筑巢。缅王趁着巨型蜈蚣外出觅食将象牙取走。巨型蜈蚣返回时不见其象牙巢便跃入海中，游向缅王的船队。眼看无法追赶上，巨型蜈蚣挺起前胸、立起尾部，朝向船队张望。阿朗悉都王回到蒲甘王城后令工匠仿照巨型蜈蚣在海面上游泳和张望的姿势，建造出了缅甸古代著名的"蜈蚣舫"。

依据上述阿朗悉都王海外游历的传说，至少可以推断出缅甸早在蒲甘王朝时期就拥有了出色精良的造船技艺以及王朝广袤的统治疆域。

1. 阿朗悉都王显神威

一日，阿朗悉都王高举双臂，向众臣发号施令。因为年事渐高，原本

①此处叙述的4个故事，情节怪诞离奇，皆不实，均是为了渲染阿朗悉都的王权。

结实的臂膀也已显得弛懈无力，一些大臣看到并窃笑了起来。缅王大怒，斥道："竟敢嘲笑朕年迈！待朕展示一番，尔等便知朕的厉害了。"

阿朗悉都王于是命朝中4员大将在某夜前往都云山捕捉盗贼，自己却在那天暗地里乔装作盗贼的模样，在日落时分独自骑马出现在都云山脚。4员大将受王命正伺伏在山脚，看到骑马的盗贼就在前方却并不知是国王装扮，即刻便奋力追赶。缅王展现出了精湛的骑术，故意戏弄四将，或保持相互间的距离，或时远时近，最终在远处不见踪影。次日早晨，阿朗悉都王问四将道："盗贼可曾抓获？"四将低头回奏："臣等无能，不曾抓获。可那贼甚是强悍，骑术何等了得！此贼若非天降魔怪，也必是世间神人，即便调集全国良驹骑士围捕，想亦恐难以成功。"缅王笑答道："尔等不是取笑朕年迈无力吗？可知尔等所追之人正是朕所假扮。"众臣听罢，无不惊恐，伏地齐奏："吾王神威！"此后再无人敢取笑阿朗悉都王。

阿朗悉都王自幼习武，象术、马术、箭术无不精通。在位期间，阿朗悉都王弘扬佛法，遍布功德，修建了著名的他冰瑜佛塔①，该塔至今伫立在蒲甘。此外，阿朗悉都王还下令修建了以工艺精湛闻名的瑞固佛塔，并最终在瑞固佛塔里离开了人世。

2. 阿朗悉都王失德

相传有一天，阿朗悉都王想到自己曾巡游海外，又想到自己武艺高强，环顾天下无人能敌，便说道："朕如此功绩神威，蒲甘朝历代各国王都无人能及。"由于阿朗悉都王对历代先王出言不逊，有失作为国王应有的品德，受到了上天谴罚，忽然间双目失明。朝中有大臣见状便向他献策，请阿朗悉都王把蒲甘历代国王塑像立于王殿前，包括蒲甘始建国的萨牟陀梨王，直至其父修云、外祖父江喜陀王在内的共44位国王，再请阿朗悉都王每日以鲜花祭品敬奉诸位先王。阿朗悉都王听从了大臣的建议，不久后双眼便得以复明。

①他冰瑜佛塔，蒲甘地区佛塔群中"五最"之一，为最高的佛塔，高度近70米。

传说中还提及，当祭拜立于殿前的蒲甘 44 位先王时，除了骠绍梯、阿奴律陀、江喜陀 3 位前任国王的塑像端坐祭台，其余的 41 位国王的塑像都在祭拜时纷纷倒落在地面上。

3. 明信梭王子

一日，阿朗悉都王的大王子明信梭进宫向父王问安，却得知父王和原为印度勃底格亚[①]王之女的王妃尚在榻上，不能见面，于是愤然转身出宫而去。又一日，阿朗悉都王允许王子乳娘之子阿难多都利耶身穿国王赐予的袍服参加王宫庆典，这样的袍服在宫中只能由王子穿着。当大王子明信梭看见阿难多都利耶时，认为养子身份不配穿着王子服，当即要求其脱去。

阿朗悉都王得知大王子明信梭的言行后大怒，把明信梭放逐到了如今曼德勒东面的同东卜德镇去做镇侯。明信梭却把当地治理得很好，兴修水利，发展农业，开挖了名为昂彬莱和德缪梭的两个灌溉用人工湖，并在仰津山上修缮了额延敏佛迹洞窟。[②]

4. 阿朗悉都王之死

大王子明信梭被驱逐出王宫以后，阿朗悉都王因为年事已高，身体日渐不佳，于是让二王子那腊都[③]代理朝政。不料那腊都窥视王位，心生恶意，将父王骗至瑞固佛塔，乘父王不备用衣物捂住父王的口鼻，致使阿朗悉都王窒息而死。可怜阿朗悉都王一世威武，最后竟是被自己的儿子谋害。在缅甸历史上，子弑父并篡位者，都遭世人所谴责。

---

①位于缅印边境阿萨姆地区。

②仰津山，也被称作额延敏山，位于曼德勒郊。该地因流传佛陀鱼王本生的故事而得名、闻名。其中缅文“仰津”意为“敌害已消除”，缅文“额延敏”意为“鳢鱼王”。此处则意指明信梭事佛敬佛。

③那腊都（Narathu），旧译那罗都。

（十五）那腊都王（缅历529—533年，公元1167—1171年在位）

得知弟弟那腊都谋害父王并意欲登上王位，大王子明信梭便立刻起兵直奔蒲甘城而来。

1. 班达古摩塔利法师

那腊都为人行事奸诈，当得知兄长起兵前来问罪，便前去找到蒲甘城中最为德高望重的班达古摩塔利法师。他对法师说："大法师，如今我兄长起兵前来，我若迎战，定会引起全国战乱，祸及百姓。我本无意与兄长相争，亦愿意将王位让予兄长。望请大法师前往我兄长处，代为转告此意，请兄长无须刀枪相见，我打开城门迎接兄长即是。"

班达古摩塔利法师心想，自己本为出家人，并不愿意涉入宫廷的王权争斗。但听那腊都一番话并不无道理，倘若真是两王子兵戎相见，必殃及百姓，若自己未能劝阻，岂不是大罪过？于是答应了那腊都。那腊都再向班达古摩塔利法师发誓："请大法师放心，我必遵守我的誓言，将那王位让予兄长明信梭。"班达古摩塔利法师因此对那腊都愈发深信不疑，亲自前往明信梭营帐，代为转告了那腊都所说的话。明信梭眼见是大法师前来，也就毫不犹豫地同意了那腊都提出的约定。

起初，那腊都兑现了自己的承诺，恭敬地扶持其兄明信梭登基成为新国王，却暗中在登基当晚的宴席上使用毒药将明信梭谋害。随后，那腊都自立为蒲甘国王。

班达古摩塔利法师得知此事后，进宫斥责那腊都道："恶君！你眼中只有这王位上的一时富贵荣华，难道不惧怕来日天道轮回的报应吗？"那腊都冷冷答道："大法师，我并未曾违背在你面前所立誓言，我的确是恭恭敬敬地把兄长扶上王位的啊！"班达古摩塔利法师听后道："昏恶之君，天下再无比你恶毒无耻之人，我再不愿待在有如你这般奸恶品性国王的国家。"说完，班达古摩塔利法师便前往锡兰，发誓余生再不愿回到缅甸。由于班达古摩塔利法师是蒲甘国内德高望重的佛法高僧，他出走锡兰后，不仅国内百姓对新国王窃窃议论，王宫内诸多文武大臣乃至后宫妃嫔也都对那腊都王心生不满。那腊都王则继续用高压残暴的手段维持着对王国的统治，对异己者不是投入大牢便是加以谋害。也许是对高僧班达古摩塔利法师仍然心存忌惮，那腊都王还试图削弱佛教，甚至强令国内寺院里的僧人还俗。

2. 达玛央基佛塔①

那腊都王不仅奸诈暴戾，还骄奢无度，在王宫中只知享乐，对百姓疾苦不闻不问。但那腊都王仍然希望自己能够修立功德，下令建达玛央基佛塔，却从不悯恤民夫辛劳，对建造百般苛求，让人们叫苦不迭。甚至在佛塔墙壁上如果出现一道能够插入细针的缝隙，国王就要处死当日值更的泥瓦匠。

图 13　位于蒲甘的达玛央基佛塔

①达玛央基佛塔，蒲甘地区佛塔“五最”之一，为体积最大的佛塔。

那腊都王言而无信，残暴奢靡，最后遭受了轮回报应，不得善终。

3. 那腊都王之死

由于认为一位曾是印度公主的王妃疏远了自己，那腊都王亲自手持宝剑杀死了她。当消息传到王妃的父亲那里时，这名印度国王悲愤不已，亲选了8名印度勇士，佯装成从事王宫典仪的婆罗门祭师进入蒲甘王宫，设计靠近那腊都王，刺杀了国王。这8名印度勇士随后互相砍杀自尽。因为命丧印度人之手，历史上也把那腊都王称作格拉贾王①。

（十六）那腊勃底西都王（缅历536—573年，公元1174—1211年在位）

格拉贾王被刺杀后，其子明因那拉登卡②继位。明因那拉登卡王即位第三年时因强占弟弟那腊勃底西都之妻而被杀。

1. 维露瓦底

曾有敏赛镇侯向明因那拉登卡王献上一女，名叫维露瓦底。因此女没有梳妆就前去见国王，明因那拉登卡王一眼瞥过，便借口此女耳大腰圆，遂将此女转赐给弟弟那腊勃底西都。哪知维露瓦底被那腊勃底西都的母亲稍加打扮再出现在人们面前时便已是一名绝世美女。当明因那拉登卡王再见到维露瓦底时，对其美貌大为惊叹，便开始想办法想占有维露瓦底。明因那拉登卡王谎称在额桑羌镇一带有士兵叛乱，遂派遣弟弟那腊勃底西都前去平叛。

①在缅语中“格拉”是对印度人的旧称，“贾”则是“殒命”的音译。

②明因那拉登卡（Minyin Naratheinhka），公元1170—1173年在位。

2. 马倌额卑

那腊勃底西都并未察觉明因那拉登卡王的计策，领命准备出征。临行前，那腊勃底西都把自己的心腹马倌额卑叫到跟前吩咐道：“你且留在城中，如若宫中发生变故，要速来报我。”并把自己的坐骑留给额卑，之后便率军队向额桑羌进发。大军行至五曲河时，扎下营帐，准备在此地宿一夜。蒲甘城内，明因那拉登卡王在弟弟离开王城后，立刻下令册封已是自己弟妇的维露瓦底为王妃。

马倌额卑知道此事后，急忙骑上那腊勃底西都的坐骑前往追赶主公。额卑到达五曲河时天色已晚，他并不知道主公就在河对岸，于是便就地歇息了下来。夜间，这匹坐骑嗅到了对岸主人的气味嘶鸣了起来，那腊勃底西都听到后，感到十分惊诧。

次日天明，额卑渡河后见到了那腊勃底西都，禀报了国王立妃之事。本是思妻心切的那腊勃底西都听后恼怒万分，认为额卑在河对岸过夜耽误了时间，一气之下处死了额卑。

3. 武将厄昂索

那腊勃底西都唤来心腹武将厄昂索说：“我兄长不义。命你前往王城，杀了这无德之君。若事成，你可从后宫 3 名王妃中任选其一为妻。”厄昂索遂领命，潜入蒲甘城，乘明因那拉登卡王不备刺杀了他。

于是那腊勃底西都继承王位。依照先前承诺，武将厄昂索要在前任国王的 3 名王妃中选妻。此时，3 名王妃都向那腊勃底西都哭诉，请求撤回承诺。新国王因此再对厄昂索劝说道：“我确实曾向你允诺过选妃之事，但这样做有辱先王，实为不妥。我再另外为你挑选美貌女子为妻可好？”厄昂索气恼那腊勃底西都王食言，向其啐了一口。这引得那腊勃底西都王大怒，以犯上不尊的罪名处死了厄昂索。

4. 大臣阿难多都利耶

阿难多都利耶是明因那拉登卡王乳娘之子，[①]颇有才华，在宫中成为先王的要臣。那腊勃底西都继位后，恐其替王兄复仇，下令处死阿难多都利耶。当刀斧手把阿难多都利耶押至刑场时，他脸上毫无惧色，并写下4段四言律诗要呈献给那腊勃底西都王。刀斧手行刑后才把诗转呈给了那腊勃底西都王。这便是缅甸古代文学史上著名的《自然律》：

一人发展，他人遭难，此乃世俗，规律自然。金殿堂皇，卿相两厢，王权富贵，水波汪洋。慈悲洪恩，今日赦臣。众生万物，皆难永存。跪奏至尊，人生如轮，重逢不咎，无常真谛。[②]

那腊勃底西都王读了诗歌，顿然领悟其中所包含的人生哲理，意识到将错杀贤才，立刻传令赦免阿难多都利耶，却为时已晚。那腊勃底西都王于是迁怒于刀斧手，责怪其为何不把诗作先呈献大殿，下令将刀斧手处死。那腊勃底西都王接着责令御前众刀斧手道："今后凡朕命令处死之人，均押大狱先暂扣一月。一月以内再对原案进行复审，其间还要进行4次斋戒，以向佛祖显示出诚心。"

一日，那腊勃底西都王偶见王弟都巴亚扎之妻，顿生爱慕，倾心不已，再下令立其为王妃，又在后宫挑选美貌宫女二人赐予都巴亚扎，以安抚王弟。这件事再次损害了那腊勃底西都王的声誉。

5. 苏拉牟尼佛塔[③]

为修建苏拉牟尼功德佛塔，那腊勃底西都王强令百姓填平山谷，百姓苦

---

①缅甸史书记载，阿难多都利耶是阿朗悉都长子明信梭、次子那腊都（格拉贾王）以及那腊都之子明因那拉登卡共3人的"乳娘之子"，也是三朝元老大臣。但按照缅甸国内学者考证，其身份并非"乳娘之子"，而是"太傅"。［见〔缅〕巴当著、貌钦明（德努漂）修订：《缅甸文学家传记》，雅贝书局2002年第5版，第31页］

②此处诗歌节选译文援引自姚秉彦、李谋、蔡祝生著的《缅甸文学史》（北京大学出版社1993年版，第31页）。

③苏拉牟尼佛塔，蒲甘地区佛塔群中"五最"之一，因塔内精美的壁画被称为最具艺术价值的佛塔。

不堪言。此时，自锡兰返回的班达古摩塔利法师见状道：“我佛慈悲。为王者本应乐善好施，以积功德。如此劳民动众与佛法相违，非善举也。今国王苛政，贫僧往后不再接受国王所施斋食。”那腊勃底西都王听闻后道：“朕身为蒲甘国之君，全国百姓皆为朕子民。若不接受朕的施济，也不可接受蒲甘百姓的供养。法师难道不愿继续留在蒲甘国了吗？”大法师见国王仍无悔改之意，回答说：“也罢，蒲甘国君竟如此昏愚，此处也不宜久留，贫僧即刻返回锡兰。”说完便转身离去。

班达古摩塔利法师走后，守护王宫大门的门神不知何故跑到了宫殿正中，张开双臂挡住了那腊勃底西都王进出的路。那腊勃底西都王询问众大臣此为何故？有智者回奏道：“这是因为大王向班达古摩塔利法师出言不逊，触怒了佛祖所致。”那腊勃底西都王这才恍悟，下令速将法师追回。众臣于是前往追赶，却无一人能够说服法师回心转意。那腊勃底西都王再令一名叫作都因伽比悉的大臣前去劝说大法师回朝，这名大臣比其他人更为机智，他在船头供奉一尊佛祖造像，待船驶近大法师时，在船上向大法师禀告：“吾王遣臣并请同佛祖像前来恭迎大法师归朝。”班达古摩塔利法师见到船头的佛祖像，终于答应了请求，随船返回了蒲甘王城。那腊勃底西都王这一次十分恭敬地迎接大法师，说道：“本王失礼，请法师恕过。今后愿聆听法师教诲。”

6. 那腊勃底西都王之过

细数那腊勃底西都王的过错，共有 6 处：

其一，杀忠仆马倌额卑；

其二，弑兄夺位；

其三，杀良将厄昂索；

其四，杀贤臣阿难多都利耶；

其五，夺王弟都巴亚扎之妻；

其六，大兴劳役，多次失礼于班达古摩塔利法师。

从那腊勃底西都王的这些过错来看，为其性情急躁所致，却也最终能明大理，在位期间广修功德，也算是弥补了犯下的过错。

7. 那腊勃底西都王之功

那腊勃底西都王即位之初，可谓任性骄纵，妄自尊大。后来，其行事渐而持重周全，在众大臣的辅佐下，勤政为民，治国有方，成为蒲甘王朝一位著名的君王。

那腊勃底西都王在蒲甘城修建了苏拉牟尼佛塔、甘多贝林佛塔和丹玛亚吉伽佛塔，还在瑞波、德耶、蒙育瓦、皎栖、墨吉（丹茬）等地修筑了众多佛塔，功德留传后世。

那腊勃底西都王在位期间，蒲甘国与锡兰国交往密切，蒲甘国之上座部佛教也因此受到锡兰的影响而更为兴盛起来。

那腊勃底西都王还时常走出王宫，亲自前往各地巡视，了解百姓生活，并通过减除苛税、兴修水利等措施，发展了农业生产，使得蒲甘国的国力保持强盛，宗教和文化也继续繁荣。

（十七）泽亚登卡王①（缅历 573—596 年，公元 1211—1234 年在位）

那腊勃底西都王死后，其子泽亚登卡继位。

相传那腊勃底西都王食指罹患痈疾，每夜疼痛难忍，无法入睡。此时泽亚登卡的母亲来到其近前，用口含住其痈肿的食指，减轻了痛楚，那腊勃底西都王才得以安睡。半夜，王妃生怕惊醒那腊勃底西都王，即使疮口有脓血渗出，也没把手指吐出。那腊勃底西都王清晨醒来见状，感动万分，许诺满足王妃任一愿望。王妃提出立儿子泽亚登卡为王储，那腊勃底西都王随即答应了下来。

①即梯罗明罗（Htilominlo）王。

梯罗明罗[1]王

那腊勃底西都王在临终前就继位一事把5位王子传唤至榻前。为公平起见，老国王让5人围站成一圈，在中央立一顶白伞，说道：“白伞倾斜所朝向者，此人将继位为王。你兄弟5人且在此立誓，共同扶持新王。”话毕，只见白伞倾向了小王子泽亚登卡。众人赞叹道，这果真是老国王的意愿，却也是白伞的意愿。泽亚登卡遂登上王位，这便是历史上的梯罗明罗王。新国王在当年立白伞之地修建功德佛塔，即梯罗明罗佛塔。

梯罗明罗王十分尊重4位王兄，也得到了4位王兄的诚心辅佐，在位期间蒲甘国佛法宏盛，国富民强。

图14 位于蒲甘的梯罗明罗佛塔

①缅甸古代把白伞喻王位。此处缅文音“梯”意为“伞”，指代白伞；音“明”意为“王”；音“罗”意为“意愿”。“梯罗明罗”的意思是既符合白伞预示，又符合先王意愿。

（十八）加苏瓦[1]王（缅历596—612年，公元1234—1250年在位）

加苏瓦为梯罗明罗之子，精通三藏佛典，曾通读《三藏》9遍之多，并且每天向高僧求教佛法7次。加苏瓦王本人还有佛教论著存世。

加苏瓦王一日在宫中舞剑失手，受剑伤而亡。

（十九）那腊底哈勃德[2]王（德由披敏）（缅历617—648年，公元1255—1286年在位）

加苏瓦王之子乌泽那[3]继位后不久，再由乌泽那王之子那腊底哈勃德接替蒲甘国王位。

那腊底哈勃德王在位期间，维系了蒲甘王朝末期最后的强盛。自此之后，蒲甘王朝在经历了3代没落的君主后便即灭亡了。

那腊底哈勃德王性情骄矜，生活奢侈。相传该王喜好各类珍馐美味，每次用膳，御厨都要备下300道菜肴，场面非常盛大。不过，国王一人当然吃不了所有这些餐食，仅挑选其中味道奇特的菜肴品尝罢了。国王这样做，更希望以此显示王宫的奢华和王权的尊威。

1. 那腊底哈勃德继位

蒲甘朝的王位本应由众王子中的长兄底诃都继承，但大王子底诃都对丞相亚扎丁坚不敬还加以羞辱，因此失去了本应得到的王位。

一日，丞相亚扎丁坚没有留意到储君底诃都从身后走来，并未施礼。大王子十分气愤，将口中嚼着的槟榔汁吐到了老丞相未及收起的袍袖上。亚扎

①加苏瓦（Kyaswa），旧译迦娑婆。

②那腊底哈勃德（Narathihapate），旧译那罗梯诃波帝。

③乌泽那（Uzana），其他书籍中有译作“乌兹那”，为区别彬牙王朝乌兹那，本书中译作乌泽那。

丁坚虽感到受辱，却也急忙退而陈告道："老臣愚钝，不曾察觉储君驾临。"说罢并补行跪拜礼。但此事过后，亚扎丁坚丞相对太子底诃都心存不悦，还暗暗把当时沾染槟榔汁的袍服藏在柜中，想待他日作对质之用。

亚扎丁坚由此找到了小王子那腊底哈勃德，表明愿意辅佐其登上王位。在继位一事上能够得到当朝元老的支持，那腊底哈勃德喜出望外，当即承诺如若事成，定将重酬亚扎丁坚。最终，那腊底哈勃德如愿继位，但他淡忘了当时对老丞相的许诺。

亚扎丁坚感觉受到了新国王的冷落。于是有一天，老丞相手捧一只破损了的镂刻有花纹的槟榔食盒进宫求见国王。国王见状问道："这镂花食盒既已破损，老丞相为何仍在使用？"亚扎丁坚答道："只因这镂花工匠早已变得荣华富贵，老臣再无处寻到修补这镂花的匠人了。"话说那腊底哈勃德王的外公曾是密达镇的一名镂花匠人。这分明是在借题讥讽新国王。

国王听了后，心中先是一阵不安，随后又有些恼怒。但转而思索后再问道："老丞相，请问在佛塔修筑好后，要如何把舍利宝伞安放在塔顶？"亚扎丁坚答道："回禀王上，建造台架以登，便可置放。"国王继而问："舍利宝伞安放妥当后，台架如何处置？"亚扎丁坚答道："应予拆除，方不至遮挡舍利宝伞的光芒。"国王于是说："朕如宝伞，相国如台架。朕登位则如宝伞安放塔顶，而今相国可以休息了。"说完便下令罢了亚扎丁坚丞相的官职，将其发配往偏远的达拉镇。

亚扎丁坚在去往达拉镇的路上忽遇狂风，狂风把路旁坚挺的大树吹倒，而树下一丛灌木虽然枝细柔弱，反而却能随风摇摆，风过后并未折断。亚扎丁坚见到这一幕感叹道："我之前的言行正是像那棵大树一样才会沦落到如此境地啊！"

因为德高望重的老丞相亚扎丁坚离开了王宫，蒲甘国王的威望远不如从前。各地方诸侯起兵谋反的情况时有发生，扰得全国民不聊生。这时，王后帕娑劝说国王那腊底哈勃德召回老丞相亚扎丁坚，国王最终同意了这一建议。亚扎丁坚回宫后得以官复原职，并率军队前往平叛，蒲甘国得以恢复太平。亚扎丁坚大臣最后在王宫里终老，享年 62 岁。

2. 后妃

那腊底哈勃德王共有 1 位正宫王后和 5 位王妃，分别是王后帕娑以及娑隆王妃、娑南王妃、信帕王妃、信茂王妃和信瑞王妃。在所有的后妃中，王后帕娑足智多谋，颇有见识，时常进谏劝导那腊底哈勃德王。

3. 茄子和喷嚏

国王那腊底哈勃德有一个怪癖——每当睡醒时会拿起随手可及的物件掷向身旁的婢女侍从，如此才能安心。为了不伤及无辜，王后把国王榻前的武器等尖锐物品移走，替换成龙巴尼果[①]。有一次，国王又从榻上醒来，如同往常一样，顺手拿起一个龙巴尼果扔出去，正好砸中了旁边一名宫女的腰部，宫女的腰顿时肿了起来。此后，在缅甸语中就把龙巴尼果叫作卡延果[②]，即茄子。

相传国王那腊底哈勃德受佛祖护佑，从不曾生过病，也从来不会打喷嚏，甚至也不会打哈欠。因此，国王也不允许有人在他面前打喷嚏或打哈欠，否则他便会大怒。一日，一名宫女在国王身旁忍不住要打一个喷嚏，为了不让国王听见，宫女急忙跑到一口大缸旁，打喷嚏时把头探进了缸里，却没料到声音反而更大了。国王听见后询问，王后帕娑于是回禀道："这是婢女打喷嚏的声音。王有所不知，除王一人得受佛祖护佑免除病痛之灾以外，其他所有人都不能摆脱罹患疾病之苦啊。"国王听后，对之前自己曾经责怒宫人的行为表示出了悔意。

---

①龙巴尼果，音译，为缅文中茄子的旧称。缅甸的茄子品种特别，形状大小如乒乓球一般。

②卡延果，音译，按缅文"卡"意为"腰"，"延"意为"红肿"。

4. 王妃娑隆

时逢盛夏，国王那腊底哈勃德率众离开王宫，来到河边，命人在外围扎起栅篱，与妃后宫女们泼水嬉戏。其间，国王暗中吩咐其他宫女忽然一齐向王妃娑隆泼水，娑隆从头至脚顿时被水湿透。性格要强的娑隆王妃当下感到在众人面前受到了羞辱，由此对国王心怀不满，暗中寻机报复。

一日，国王用膳，娑隆王妃在食盒里投下了毒药。哪知当食盒呈在国王面前时，殿前的一只狗忽然打起了喷嚏，这在王宫中是不祥之兆。国王随即放下食盒，并把盒里的餐食投给了那只狗，狗吃后便倒地毙命，众人大惊。

一番盘问后，王妃娑隆承认了自己投毒一事，并说："哼，镂花匠之孙，我欲报昔日在众人前受你羞辱之仇。"国王听后愈发大怒，下令将娑隆王妃处以绑在铁架上烧死的酷刑。为搭行刑的铁架，军士们用了整整 7 天的时间。娑隆王妃在这 7 天里反复诵念佛经，默数佛珠。刑架造毕，娑隆王妃大声发愿道："此刑火必定熄灭 3 次，我身躯遇火即刻化为齑粉。"说完脸上毫无惧色走上铁架。行刑军士向刑架点火时，果真 3 次不燃。最后刑架终于点燃，只见火苗才一触碰到娑隆，王妃瞬间化为青烟飞升而去。

娑隆王妃死后，国王懊悔不已，常常在半夜从梦中惊醒，大声呼喊："娑隆，等一等。"王后帕娑见状，急忙与高僧摩诃塔瑞法师一道为娑隆王妃念经超度，国王才稍稍得以安慰。

从此之后，国王向百官下令，凡今后被处以死刑者，全都缓以 10—15 日行刑。其间刑部再予复审，确实罪至当死者才施刑。但即便这样，无论是娑隆王妃太过计较嬉闹的小事而大逆犯上，还是国王使用残酷的手段对臣民滥用极刑，都让人感到心痛不已。

5. 敏格拉佛塔

敏格拉佛塔于缅历 630 年始建造，但在修建到一半时蒲甘城中出现了传言，称"敏格拉佛塔建成时便是蒲甘亡国日"。国王因此心存忌惮，下令停止了建造。这时，高僧班达古摩塔利法师向国王谏言，劝导他不要因为不可信的流言而停止建造佛塔的功德。国王听从了法师的话，敏格拉佛塔终在缅历 636 年建成。

6. 元朝的进攻[①]

在此之前，被称为鞑靼人的中国元朝军队在抵达云南后，元世祖忽必烈曾遣使蒲甘，要求蒲甘国内附纳贡。不料蒲甘国王不但没有同意向元廷朝贡，还以元朝来使在蒲甘王殿前不恭为罪责，下令处死了元使。蒲甘国王的此番不当之举必然地招致了元朝军队的进攻。

缅历 646 年，元朝军队攻到了缅甸境内。最终，那腊底哈勃德王无力抵挡元朝大军，慌忙出逃至下缅甸地区的勃生。元军则一路南下，攻打至卑谬以南的德由莫附近后折返。由于这一段历史，那腊底哈勃德王在历史上也被称为“德由披敏”，缅文意思是“畏惧中国而逃跑的国王”。

7. 那腊底哈勃德王之死

那腊底哈勃德王在勃生躲避元军 4 月余后，率众北返蒲甘王城，途经卑谬时，被小王子卑谬侯底哈都设计毒害身亡。

其实，底哈都早有预谋要杀害父王。那腊底哈勃德王本有 3 子，大王子乌泽那[②]封勃生侯，二王子觉苏瓦[③]封达拉侯，小王子底哈都封卑谬侯。一日，蒲甘王宫内设筵席，3 位王子赴宴。御厨呈上菜肴，盛给乌泽那和觉苏瓦两位王子的是彘前肘，盛给底哈都的却是彘后肘。或许是因为后肘较为肥腻，底哈都心中不悦，将此事告诉了母亲信茂王妃。王妃于是以贿赂买通了御厨，

①缅历646年为公元1284年，为元世祖忽必烈在位至元二十一年。《元史》记载：至元二十一年，春正月“时诸王相吾答儿及行省右丞太卜、参知政事也罕的斤分道征缅……遣使诏谕缅王，不应。……遂水陆并进，攻太公城，拔之，故至是皆降”。［见余定邦、黄重言编：《中国古籍中有关缅甸资料汇编》（上册），中华书局2002年版，第40页］

②此处勃生侯乌泽那与前文蒲甘王乌泽那同名，但为两人。

③此处觉苏瓦与后文的彬牙王“五象之主觉苏瓦”同名，但并非同一人。

后来底哈都和乌泽那吃到了前肘，而后肘却被呈给了达拉侯觉苏瓦。

达拉侯的母亲信帕王妃得知此事后甚为气恼，向那腊底哈勃德王禀诉此事。那腊底哈勃德王听后重重责罚了御厨，当下怒斥信茂王妃为“窃猪肘之妇”，怒斥底哈都为“窃猪肘妇之子”。此后，那腊底哈勃德王还时常借此事讥讽母子二人。底哈都为此十分恼怒，尝记恨于心，逐渐对父王和王兄们起了谋害之心。

终有一天，卑谬侯底哈都乘勃生侯乌泽那重病卧榻之机攻打勃生，把奄奄一息的乌泽那乱刀砍死在床上。底哈都随后率军继续攻打二王兄所在的达拉，达拉侯觉苏瓦奋力死守。底哈都久攻不下便转向攻打达拉一侧的勃固，勃固侯额勃孟是达拉侯的盟友，对底哈都也早有不满。见底哈都来战，额勃孟站立在城墙上破口大骂底哈都。底哈都恼羞成怒，拈弓搭箭，欲射额勃孟，哪知用力过猛，箭镞反弹回来将自己射死了。

历史上的这一幕悲剧似乎又在重演，回想原先格拉贾王弑父杀兄，不得善终。如今底哈都也不能逃出轮回报应的惩罚。佛法尝言，恶终恶报，此话真是教人敬畏三分啊。

（二十）蒲甘王朝的覆灭

在那腊底哈勃德王之后，蒲甘王朝在延续了觉苏瓦王、苏涅王、苏蒙涅王 3 任国王后，国运日颓。在遭受到元朝军队的进攻后，蒲甘王朝的统治实际上已是摇摇欲坠。此时，掸族势力再乘机侵入，历经了 55 位国王的蒲甘王朝最终于缅历 730 年灭亡。① 这一年，正值蒲甘城建城 1261 年②。蒲甘王朝的消亡宣告了缅甸历史上第一个统一的封建政权的结束。

①缅历730年，即公元1368年，为苏蒙涅王的卒年。目前学界多以那腊底哈勃德王卒年即1287年作为统一的蒲甘王朝灭亡的时间。在此之后，蒲甘王朝虽然在名义上仍然存在，但已是一个偏安一隅的小朝廷，这时的缅甸已经分裂为多个小诸侯国，缅甸历史进入了分裂时期。

②蒲甘建城以萨牟陀梨王在室利差呾罗历29年（公元107年）修筑城池开始计。

五、彬牙王朝和实皆王朝

至此，我们已经介绍了缅甸古代历史的3个重要时期，分别是太公时期、室利差呾罗时期和蒲甘时期。3个历史时期的兴亡和更迭，我们均依照历史的时间顺序依次叙述，这也便于我们认识和记忆这3段历史。但是，在统一的蒲甘王朝灭亡以后，虽然相继出现了像彬牙和实皆这样的小王朝，并历经了多位统治者，却都没有实现全缅甸的统一。

彬牙王朝始于缅历674年，亡于缅历726年，历经了6位国王。同时期的实皆王朝始于缅历677年，同样亡于缅历726年，历经了7位国王。

准确地说，蒲甘王朝结束的时间是缅历730年，但蒲甘朝廷并未完全消亡。事实上，直至缅历726年更为强大的阿瓦王朝建立的时候，蒲甘王朝遗留下的小朝廷仍然存在，并继续维系了4年。这一段时期内，还出现了彬牙和实皆两个小王国，并延续了约半个世纪。

在缅历726年阿瓦王朝建立之前，相继发生了蒲甘王朝的瓦解、彬牙王朝和实皆王朝的建立、元军和掸人的入侵等历史事件。“德由披敏”那腊底哈勃德在位期间，攻打蒲甘的元朝军队并没有滞留缅甸，不久便返回。但在缅历600—700年间不断进入缅族地域的掸族却留在了缅地。掸族以及掸缅通婚后的族群在敏赛、彬牙、实皆等缅北地区开始逐渐壮大自己的势力，在相当长的一个时期里建立起了独立的政权，并延续了数位君主的统治。

（一）掸人的到来　掸族三兄弟

“德由披敏”那腊底哈勃德王时期，掸人土司之弟丁卡波由于与其兄长不和，出走来到蒲甘国敏赛一带。丁卡波共有3个儿子，他们后来都效忠蒲甘那腊底哈勃德王。他们3人在历史上被称为“掸族三兄弟”。

那腊底哈勃德王死后，其子觉苏瓦继承蒲甘王位。此时，掸族三兄弟也都壮大了各自的势力。长兄阿丁克亚控制了敏赛镇，二弟亚扎丁坚占据了迈克亚地区，三弟底哈都则拥兵彬莱镇。① 这时的蒲甘王朝业已衰落，刚刚继位的觉苏瓦王已经无力约束掸族三兄弟。

缅历660年，掸族三兄弟与觉苏瓦王的王妃勾结，将觉苏瓦王骗至一处佛寺，强迫其出家为僧并自此将其软禁起来。之后，掸族三兄弟在各自的领地自立为王。

在蒲甘宫廷内，由觉苏瓦王之子苏涅继承王位，继而苏涅王之子苏蒙涅王继位。但这时蒲甘国王的威望和权力愈发微弱，只能任由掸族三兄弟的势力不断增长。

（二）底哈都称王（缅历660—684年，公元1298—1322年在位）

掸族三兄弟中，二弟亚扎丁坚最早称王，并在之后的第五年去世。兄长阿丁克亚也随后称王，却在12年后被三弟底哈都投毒身亡。在此之后，底哈都占据了两位哥哥生前的领地。缅历672年，底哈都在彬莱称王，史称彬牙王。

1. 彬牙王

事实上，底哈都早有企图兼并两位兄长的属地，自缅历660年起就开始和两个哥哥争夺领地，最终在缅历672年独自称王，再于缅历674年改称彬

①掸族三兄弟的姓名，旧译作阿散哥也、阿剌者僧吉蓝、僧哥速。其中，三弟底哈都与前文的蒲甘王朝那腊底哈勃德王第三子卑谬侯底哈都同名，但并非同一人。

牙王朝。因此，历史上底哈都王在位的时间是从其初次称王的缅历 660 年开始计算，而彬牙王朝的起始时间则以缅历 674 年开始计算。

底哈都大兴土木，准备建彬牙[①]城，为此他前往蒲甘瑞喜宫佛塔祈愿。底哈都在瑞喜宫佛塔旁得到一株金花树，枝叶花果俱全，十分玲珑精致。底哈都因此把即将建造的新城命名为“班亚”，意思是“获得金花之地”。后来，这一名称按缅语发音转写为“彬牙”。彬牙城还被敬称为“维泽亚补罗”[②]。

新城和宫殿宣告建成。正当底哈都准备搬迁新殿之际却开始犯难，原来底哈都并不了解王宫里的仪规，不知该如何行事。于是底哈都遣人前往蒲甘王宫邀请太后帕娑[③]，希望她能够亲自前来讲解示范。不料帕娑太后不仅没有立即随同前往，还责备道：“尔等掸人得势久矣，却怎么到今日才想起哀家！”底哈都于是再次遣人邀请。在答应了太后帕娑提出的要求后才把她请回到彬牙王宫。在太后帕娑的安排协助下，底哈都举行了盛大的新城和宫殿的落成典仪。太后帕娑也不禁赞叹彬牙城和新宫殿的雄伟壮丽，向底哈都赠送了蒲甘王朝先王阿奴律陀时期的金杯盏和金腰带。底哈都大喜，恭送太后帕娑返回蒲甘城。

2. 实皆王

彬牙城建成后第三年，即缅历 677 年，底哈都王册封 4 个王子中的幼子阿丁克亚苏云[④]为实皆侯。

作为底哈都王最年幼的儿子，阿丁克亚苏云在王宫中的出身其实并不好。其母是缅北林茵村一名商人的女儿，曾嫁给当地一猎户，生养有一子，

---

①彬牙，作为缅甸分裂时期彬牙王朝都城约半个世纪，现位于曼德勒省皎栖县以南。

②维泽亚补罗，意为“胜利之城”。“维泽亚”即“胜利”之意，“补罗”为“城市”之意。

③即蒲甘那腊底哈勃德王王后帕娑。

④阿丁克亚苏云（Athinhkaya-Sawyun），旧译作修云，公元1315—1323年在位。

不料不久其夫就亡故了。因为容貌姣好，被一天外出时的底哈都王看上选入宫中，册封为北宫王妃，在宫中生下王子阿丁克亚苏云。虽然阿丁克亚苏云出身并非王室正统，且在王子当中最年幼，但底哈都王十分疼爱和关照他。

底哈都王在册封了其他两名年长的王子食邑封地后，将阿丁克亚苏云暗中叫到身旁，提醒道："且到你两位王兄处，恳求他们来我这里为你上奏，让我册封给你食邑。"阿丁克亚苏云遂照父王嘱咐办，两位王兄果真到底哈都王御前为弟弟说情。谙熟宫廷权谋的底哈都王说："本王原不愿意册封，既然你二人有此意，并且同时来奏，本王便准了罢。"于是分封阿丁克亚苏云王子为实皆侯，并赐予象军、马军和王侯仪仗。

为了探明王子们各自的实力，在阿丁克亚苏云封邑实皆之后，底哈都王密令另外两个王子率兵攻打实皆，同时又把消息预先密告给阿丁克亚苏云。阿丁克亚苏云迅速备战，轻松击败了两位王兄。底哈都王从此对阿丁克亚苏云更加欣赏和喜爱。

缅历 678 年，即实皆侯获封的第二年，阿丁克亚苏云在实皆自立为王，这便是实皆王。

3. 一象之主底哈都王

在彬牙城建成两年后，即缅历676年，从萨蒙河上游漂流下一头白象。底哈都王得报后，即刻令人将其救上岸来，但无奈这头母象已溺亡。于是众臣提议，把死去的白象用支架撑住，再配以鞍饰，底哈都王便可骑乘。底哈都王听从了大臣们的建议，历史上因此也称底哈都为一象之主。

在古代缅甸，历代国王们对于白象非常地珍视，认为白象象征着无比尊贵，更为重要的是认为得白象者可得天下，因此历代君王争相把"白象之主"作为自己的名号。即便国王得到的白象已死亡，这位国王也会被称为"白象之王"。在底哈都王死后，其长子乌兹那继位（缅历684—704年，公元1322—1342年在位）。当得知王弟彬莱侯觉苏瓦得到了5头白象时，乌兹那立即逊位给觉苏瓦，自己则归隐山林，剃度出家。

（三）五象之主觉苏瓦[①]王（缅历704—712年，公元1342—1350年在位）

底哈都王之子觉苏瓦因为拥有5头白象，史称“五象之主觉苏瓦王”。历史上记载了多个有关觉苏瓦王的逸事。

其一：统一的蒲甘王朝瓦解之后，缅甸社会上还留有许多的阿利僧。一日，正当五象之主觉苏瓦王准备用膳时，一名化缘的阿利僧站立在殿前。觉苏瓦王心想，恰值正午时分前来化缘，此人必定是高僧，于是觉苏瓦王将尚未进食的盘中珍馐尽数施舍给了阿利僧。之后再遣一王宫侍卫尾随这名化缘僧前去一探究竟。结果，侍卫发现此僧人用斋钵盛着觉苏瓦王所布施的餐食递予其妻才恍然醒悟：此人并非真法师，乃是一伪僧。侍卫转念再思忖：“如若我将实情回奏吾王，必然辜负了吾王乐善好施的一番好意，这僧人也必将遭无妄之灾，而对我却也无甚好处，且不如顺了吾王的善意，讨得吾王欢喜，成就吾王功德，这僧人也可逃过一劫，我也算是立下一功。”想罢，侍卫回宫禀奏道：“臣奉命跟随前去，哪知那法师忽然间遁去身形，不知所终。”五象之主觉苏瓦王听闻，心中大喜，击掌大呼：“果真如朕所料，此乃得道高僧也！”

其二：一日，有臣属向五象之主觉苏瓦王贡献一匹骏马。王大喜道：“得此宝马，乃朕平日所积善德所致也。”这匹骏马飞奔起来风驰电掣，骑手头戴白色包头巾[②]乘马在玉米地里奔跑，就如同一只白鹭在贴着地面飞翔。骑着这匹骏马，便可在一日之内往返于相距140里的彬牙和东敦枝之间。

其三：五象之主觉苏瓦王素以深明大义而得人心。一次觉苏瓦王宴请众

---

①五象之主觉苏瓦（Ngasishin-Kyawswa），旧译作伽悉信。

②头戴包头巾是缅甸男子的传统穿着，且包头巾多为白色。

臣，以嫩树叶盖住金盏向众位诸侯敬茶，却不知给央米丁侯底哈勃德的金盏上没有遮盖树叶，央米丁侯认为受到了国王的羞辱，一时间起了反叛之心。五象之主觉苏瓦王发现后，立刻安抚央米丁侯，承认因为自己的疏误而怠慢了大臣，君臣重归和睦。

其四：五象之主觉苏瓦王曾经想设计除去自己的王弟实皆王阿丁克亚苏云，便派遣一名叫作额钦纽的亲侍前往刺杀实皆侯。额钦纽领命前去，潜伏在实皆侯宫中，因多日未曾进食，饥饿难耐。正逢实皆侯祭祀神灵，额钦纽于是偷吃了作为祭品的米饭和牛肉。事后，额钦纽心想，常听佛祖教诲，得他人恩惠须谨记于心，日后图报，如今实皆侯算是我的恩人，岂能谋害。于是无功而返，如实禀奏觉苏瓦王。国王听后，非但没有责罚额钦纽，还对部下知恩图报的义举倍加赞赏。

（四）彬牙王朝和实皆王朝灭亡

1. 北部掸族的进攻

彬牙王五象之主觉苏瓦死后，其子觉苏瓦艾[①]继位，再传位至第五任国王那腊都[②]。缅历 726 年，彬牙王朝灭亡。而由阿丁克亚苏云在实皆城建立起的实皆王朝则传位至第七任国王明标[③]后亡国。

实皆王明标其实是蒲甘朝国王那腊底哈勃德的王后帕娑的姐姐之孙，按例制本已不具有王室血统，因而明标王的继位招致了彬牙王那腊都的不满。那腊都王于是向北方的掸族首领多基发遣去信使，策动其攻打实皆。多基

①觉苏瓦艾（Kyaswswa-nge），意为“小觉苏瓦”，公元1350—1359年在位。

②那腊都（Narathu），旧译作那罗多，公元1359—1364年在位。

③明标（Minbyauk），旧译作明波梯诃波帝，公元1352—1364年在位。

发是孟拱木掸族号称“九十万之主”的掸王多汉发之弟。[①]那腊都谓多基发道：“如今正逢良机，大王可发兵实皆攻之，我亦同时自彬牙出兵策应。待取实皆后，大王可得其地域大部，我只求得边远小部。”多基发闻后，亲率大军攻打实皆。明标王不敌，带领全城百姓逃至南部的迦卡瓦亚。[②]

多基发率军进入实皆城，却发现它已是一座空城，仅遇见没有出逃的两名老者。多基发因此大怒道：“我应彬牙王那腊都之约来取实皆，却不见那腊都遣兵马前来策应。听闻那腊都拥有 3 头白象，不如我顺势把彬牙也攻取下。”思忖一番后，多基发继续率军攻破了彬牙城，俘虏了那腊都并解往掸地。经此役后，那腊都之兄乌兹那比昂[③]成为彬牙城之主，是彬牙王朝第六朝国王，同时也是最后一位国王。

2. 德多明帕耶[④]王

从实皆逃离的明标王以及在彬牙称王的乌兹那比昂，都被在迦卡瓦亚称王的德多明帕耶王设计杀害。

话说这德多明帕耶王本是实皆王阿丁克亚苏云之女苏敏公主和太公王族德多钦腾之子，原名为亚忽拉，因是德多王族的后代，故称为德多明帕耶，意为“德多王族的后人”。

德多明帕耶之父德多钦腾去世后，其母苏敏公主再嫁实皆第七任国王明标，明标王遂成为德多明帕耶的继父。

---

①多基发、多汉发为音译。《琉璃宫史》中译本认为多基发即中文史籍中记载的思机发，多汉发即思洪发。（见〔缅〕蒙悦法师等编著、李谋等译：《琉璃宫史》，商务印书馆2007年版，第330页）但按照年代推算并查阅资料，此处所述多基发应为元朝云南麓川勐卯政权统治者思可法，所述其兄多汉发也与后来阿瓦王朝掸族国王汉多发并非同一人。

②迦卡瓦亚，地名，位于东吁以北。

③乌兹那比昂，旧译作乌者那般，公元1364年继位，仅在位4个月。

④德多明帕耶，旧译作他拖弥婆耶，为缅甸阿瓦王朝的首位国君，公元1364—1368年在位。

掸王多基发攻打实皆王朝时，德多明帕耶固守太公城。太公终不敌多基发的进攻，德多明帕耶退回实皆城，遭继父明标王呵斥：“战场退缩，颜面何存！”将其锁上镣铐，解往迦卡瓦亚。却不知没过多久，德多明帕耶不仅相继除去了实皆王明标、彬牙王乌兹那比昂，还将实皆、彬牙两地纳为己有，重新在阿瓦城称王。

缅历 726 年，当年发生了缅甸历史上 3 件重要的事件。这一年 1 月，实皆归附德多明帕耶；2 月，彬牙再归附；12 月，德多明帕耶重建阿瓦城，并在阿瓦称王。

六、阿瓦王朝

（一）德多明帕耶王（缅历726—729年，公元1364—1367年在位）

在掸族势力长时期影响了彬牙王朝、实皆王朝之后，缅甸本部终统一于德多明帕耶王，缅甸的王权再次回到了缅族的手中。

不过，德多明帕耶本人事实上也有着1/8的掸族血统。细数其世代关系如下：

掸族三兄弟幼弟底哈都（掸族血统）+林茵镇商人之女（缅族血统）

（子）实皆王阿丁克亚苏云（1/2掸族血统）+蒲甘王裔觉苏瓦公主（缅族血统）

（女）苏敏公主（1/4掸族血统）+德多钦腾（缅族血统）

（子）亚忽拉（1/8掸族血统），即德多明帕耶

1. 阿瓦建城

缅历726年，德多明帕耶王在伊洛瓦底江、杜塔瓦底河（又称密埃河）、班朗河、萨蒙河、萨玛河等河流交汇的地方新建了阿瓦城。阿瓦城因为选址建立在众多河流交汇处的河口，也因为该地散布着额津湖、皎莫湖、茵卜湖、乌奈湖等多个湖泊，于是这座新城被命名为茵瓦①，即阿瓦城。阿瓦这座历史文化名城从此在缅甸变得家喻户晓。

---

①缅甸语中，“茵”意思为“湖泊”，“瓦”意思为“出入口”，“茵瓦”即指湖泊河流的交汇口。

传说在修筑阿瓦城期间，德多明帕耶王所居住的大帐中柱之下盘着一条粗如卷席的大蟒。大蟒蠕动，大帐随之摇动。缅王求教高僧班都基为何征兆，班都基答道："此为国富民强、佛教昌盛的吉祥之兆。"王大喜，乃命人投食大蟒后放其归林。

图 15　阿瓦古城墙

2. 德多明帕耶王

阿瓦新城和新王宫建成后，额内贡镇[①]侯巴亚觉都在缅历 727 年起兵谋反。德多明帕耶王亲率大军前去镇压，俘获了巴亚觉都并将其处死。之后，德多明帕耶王竟然在巴亚觉都的尸身之上摆设宴席，自己直接就在其上吃喝了起来，足令诸大臣诧愕。

①额内贡镇，现位于缅甸内比都联邦区莱威镇区。

3. 厄代标

不久后，德多明帕耶王设计策抓获了实皆地区的大盗厄代标。缅王对大盗说："朕将拿你正法，刀、矛、斧、钎，使用何种兵器来了断你由你自己挑选。"厄代标却毫无惧色，答道："我不惧死，任王自便。若问我来挑，便选大王的王妃娑翁玛。"德多明帕耶王不但没有动怒，反而欣赏厄代标的胆量，不但赦免其死罪，还将其留在了自己身边，厄代标成为一员勇将。此后，厄代标奉命征讨四方敌人，皆取胜。

再有一名卖糕的妇人，出于信任将积蓄存于一僧人处，钱财却被恶僧占为己有。德多明帕耶王得知后大怒，亲手将恶僧处死，抛入王宫地板之下。

4. 德多明帕耶王之死

缅历 729 年，德多明帕耶王率军镇压色古侯反叛却出师不利。在返朝途中，德多明帕耶王忽然罹患天花。行至塞维觉埠头时，德多明帕耶王病情加重，于是唤来王宫侍卫长额努，嘱道："我命不久矣。王后娑翁玛尚在宫中，我死后必被他人夺去。你速去赐死王后。"

额努奉命赶回宫中，向王后禀明了国王的旨意。王后有所指地说："额努，难道你如此胆小怯懦吗？"额努听后遂改变了主意，与王后在宫中居住了半月有余，二人情投意合，一起出走实皆称王去了。

在额努出走之后不久，德多明帕耶王病亡。德多明帕耶王面容俊朗，生性勇猛，但时亦残暴，死前其下令赐死王后，是为其生平大错。

（二）明基苏瓦绍盖[①]王（缅历 729—762 年，公元 1367—1400 年在位）

德多明帕耶王死后，其妹夫明基苏瓦绍盖继位，成为阿瓦朝新王。

①明基苏瓦绍盖（Minkyiswasawke），旧译作明吉斯伐修寄。

话说额努叛走实皆称王之后，明基苏瓦绍盖王命获封亚扎丁坚勋号的其兄额貌率军前往征讨，许诺只要抓获其弟额努，便把前朝王后娑翁玛赐许给额貌，并可食邑当柄基和瓦因都两镇。

额貌乘船到达实皆，心想弟弟额努已在地方称王，拥有重兵，想要将其擒获，还得需要智取。当船靠岸后，额貌便先差人前往告知额努称，自己得知弟弟已在实皆称王，特前来投奔，但由于自己身体不适，还得请弟弟额努亲自前来，且不需要带侍卫扈从。

额努相信了哥哥的话，只身来到船上，哪知脚刚刚踏进船舱船便驶离埠头，飞快朝阿瓦城的方向驶去。亚扎丁坚额貌呵斥弟弟道："你非王族，却自立为王，是犯上大罪。"说罢，命人把额努关押了起来。但额努也自有本领，从船上逃脱了出来。之后，额努去了被称为拉霍的地方隐居静修，拉霍即今日的妙当镇①。

明基苏瓦绍盖王也向额貌兑现了诺言，将娑翁玛王后赐许给他，并赏予封地。

娑翁玛王后本是蒲甘王朝末代被废黜国王觉苏瓦王的孙女，其父是德耶敏信梭。娑翁玛曾先后成为彬牙五象之主觉苏瓦、王弟那腊都、王兄乌兹那比昂、阿瓦王德多明帕耶、侍卫官额努、额努兄亚扎丁坚之妻，共有6任夫君，因此也成为缅甸历史上广为人知的古代人物。

1. 温辛波亚扎

缅历730年，密铁拉湖堤决口，明基苏瓦绍盖王亲自前往当地温辛村监督修堤。忽有人来报在湖堤上挖出了金人像。村民波亚扎向明基苏瓦绍盖王细致讲述了金人像的来历。明基苏瓦绍盖王大悦，召波亚扎入王宫，留在身边侍奉，人称温辛波亚扎。

温辛波亚扎聪颖过人，学识广博，相继辅佐过明基苏瓦绍盖王及其子信

①妙当镇，现位于缅甸实皆省，地处伊洛瓦底江上游，毗邻江边。

漂辛王[①]、信漂辛王弟明康王一世[②]共3朝国王，为君王们出谋划策。有关温辛波亚扎生平及其向国王上陈的奏折内容，另有专门著作出版。

2. 弥贝扎

缅历734年，孟养侯叛乱。缅王明基苏瓦绍盖亲征平叛，途经格松内恩村，遇见正准备与男青年举行婚礼的村女弥贝扎。缅王爱慕弥贝扎，召其至身旁侍奉。离别时，缅王赠弥贝扎一手镯并嘱道，若此后产下男孩，令其携带手镯来王都相见。此处情节，多与当年江喜陀王和丹蒲拉相遇类似。

弥贝扎当年果真诞下一男婴，按缅王所嘱，携手镯来见。缅王与母子二人相认，赐子名明康，即为日后阿瓦王朝史上明康王一世。

3. 若开苏梅侯

缅历735年，若开王明勃卢亡故，若开各地出现动荡。若开王公贵族众议，请求阿瓦朝廷明基苏瓦绍盖王遣派封侯前来治理若开。明基苏瓦绍盖王遂封舅父苏蒙基为若开侯，令其前往。若开侯苏蒙基赴任后，对当地治理有方，若开于是政通民和。

缅历742年，若开侯苏蒙基去世，若开又陷入了混乱。若开的王公们再次请求缅王遣派大臣前来。这一次，明基苏瓦绍盖王任命近臣苏梅为若开侯。苏梅临行前，明基苏瓦绍盖王郑重嘱咐道："卿勿学椰棕，果实虽大，树成后却枝干细小，随风摇摆。卿应学榕树，籽粒虽小，却能成长为参天大树，能够予人荫庇。卿还应学薮猫，平日里收藏利爪，关键时刻方才露出锋芒。"

却不料苏梅侯不但没有领会明基苏瓦绍盖王嘱托，相反到任若开后令人砍倒了当地的所有榕树，将枝叶拿去喂食象群，还令人扑杀了当地所有薮猫。苏梅侯在若开的统治毫无章法，引得各地叛乱不断，最终苏梅侯被逼逃回了

①信漂辛，阿瓦王朝国王，又译为信漂辛德勒帕耶（Shinbyushin Tarabya），旧译作多罗般。信漂辛，缅文意为"白象之主"。

②明康，阿瓦王朝国王，又名明翠（Minshwe），旧译作明恭王。

阿瓦。

最终，若开人拥戴曾被废黜的若开王之孙觉梭为王，开始与缅族王朝日渐疏远。

4. 若开长老

明基苏瓦绍盖王早年曾为躲避战祸藏身于若开一座寺院，被寺院长老收留。长老观其面相不凡，便告之："你将来必定称王，到时候切莫忘了你曾与贫僧有此一交。"

明基苏瓦绍盖在位的第十六年，即缅历 745 年，若开长老感到明基苏瓦绍盖王似乎把他忘记了，于是遣信使前往王宫告王称，若想要国王长命百岁且国运长久，须在都城西南角兴建一佛塔，命其名为"悉贡"。

明基苏瓦绍盖王相信了来使的话，命人开始建塔。见此情景，阿瓦城百姓不知国王此举为何故，全城反而惊慌了起来。此事被若开长老听闻后，他自惭道："我本出家人，身为释迦弟子，如今却致使阿瓦全城上下人心不安，实为贫僧大过。"于是，再暗嘱人在阿瓦城正东方向种下山合欢树。阿瓦城中的恐慌顿时消除。从此之后，明基苏瓦绍盖王尊奉若开长老为高僧大德。

这个历史传说也反映了缅甸古代盛行的占卜文化，人们深信某种征兆能够预言凶吉。

5. 阿瓦和汉礁瓦底[①]

缅历 732 年，孟地汉礁瓦底勃固王彬尼亚乌[②]和阿瓦缅王明基苏瓦绍盖相约在边界会面。两位国王本着良好的意愿，相互划定了边界，并且还互换了各自的仪仗用品，共同举行了庆典，缅孟由此结下了盟约。

---

①汉礁瓦底，缅甸勃固旧称，又译作汉沙瓦底、汉达瓦底，因古代孟族以此作为都城建立政权而闻名。

②彬尼亚乌（Binnya-U），旧译作频耶宇。

此后，缅孟之间一直相处和睦。但在立盟 16 年后，即缅历 748 年，缅孟两族爆发了长达 35 年的战争，战争直至缅历 783 年结束。回顾历史，造成这场战争的主要原因，既有谗言从中挑拨所致，同时也是过分炫耀武力带来的恶果。

缅历 748 年，曾经和阿瓦缅王互立盟约的孟王彬尼亚乌之子亚扎底律①在汉礁瓦底称王。亚扎底律的舅父渺弥亚侯劳皮亚对外甥继位心生不满，便遣使向缅王告称，孟王新继位，尚不成气候，希望缅王乘机发兵，就此收复孟地。若事成，缅王可取得孟地马象金银无数。作为从中协力的答谢，请缅王赐渺弥亚侯部分孟地的食邑。

明基苏瓦绍盖王知情后，听从了渺弥亚侯的建议，派遣时年 18 岁的储君信漂辛和年仅 14 岁的王子明翠兄弟俩率领阿瓦大军向孟地进发。不料，缅军在途中遭到亚扎底律王率领的孟军的迎击，缅军无功而返。

击退缅军之后，孟王亚扎底律以晚辈的身份遣人向缅王送去一封信函。信里说道：

金殿之上伯父大鉴，劳皮亚谗言害国，祸及百姓。先父彬尼亚乌在世时，劳皮亚亦反复无信，尝图谋反。此等无耻小人，日后也必再背叛伯父，侄儿定将讨伐之。望请伯父顾及先父情面，垂谅侄儿处境。

孟王还备下礼品，随信一同呈献明基苏瓦绍盖王。

亚扎底律在信中将缅王视作与其父同辈，以伯父相称。

与此同时，亚扎底律王还差人传话阿瓦朝王储和王子明翠二人——“二位贤弟远道而来，却未在敝地多作停留便匆匆而去，使我未能尽到待客之礼仪。现特备薄礼，敬请笑纳。”同时遣人送去了用黄金制作的船、首饰盒、鱼形配饰、虾形配饰，还有上乘衣料和香料等礼品。

如今看来，亚扎底律的谦和之辞和所赠礼品并非是真心实意，更多的是对阿瓦朝廷两位王子战败的嘲弄。礼品中的各类物品都是供孩童玩耍的小物

①亚扎底律（Razadirit），旧译罗娑陀利，缅甸勃固王朝时期著名的孟族国王，公元 1385—1423年在位。

件，其实是暗讽阿瓦两名王子资历薄浅、不懂兵法，以致战场大败。

明基苏瓦绍盖王看了亚扎底律的来信后大怒，对遣派来的孟族使节呵斥道："先于战场羞辱我王子，而今再羞辱朕，亚扎底律小儿真欺人太甚！"

在后来的数十年中，阿瓦朝廷的缅军和勃固朝廷的孟军先后数次交战，却也未能分出胜负，双方相互僵持不下。

明基苏瓦绍盖王在位期间，朝前贤能汇聚，帐下勇将众多，加之缅王治国有方，阿瓦王朝由此逐渐兴盛起来。明基苏瓦绍盖王在位 33 年后逝世。

（三）白象之主德勒帕耶[①]王（缅历 762—763 年，公元 1400—1401 年在位）

明基苏瓦绍盖王死后，其子阿瓦王朝储君继位，号白象之主德勒帕耶王。

缅王德勒帕耶继位 5 个月后的一天率众前往昂彬莱狩猎，在途中迷路，只身困于丛林。此时缅王身旁忽然出现一修行仙人，问缅王道："大王且把右旋海螺[②]交予我，我将满足大王任何需求。"缅王答道："我无他求，只愿一名仙女侍奉。"仙人听罢，口念咒语，天降一名仙女。修行仙人将仙女交予缅王后遁去。缅王大喜，遂与仙女野合。事后，仙女也随即消失。此后，缅王整日神情恍惚，朝政废怠，就只知道独自到野外垂钓。不久之后，缅王便因病离世，在位仅 7 个月。

（四）明翠王（缅历 763—783 年，公元 1401—1421 年在位）

德勒帕耶王病逝后，其弟明翠[③]继位，称明康王一世。

---

①白象之主德勒帕耶（Shinbyushin Tarabya），旧译作多罗般。

②右旋海螺罕见，常用作佛教法器，也称为法螺。

③即明基苏瓦绍盖王与村女弥贝扎之子明康。

1. 明康王一世早年落难

明康的父亲明基苏瓦绍盖王立德勒帕耶为王储，但又担心德勒帕耶一旦登上王位便会加害于他的两个弟弟明翠和辛迪达，于是下令两名内侍带领尚还年幼的两位王子离开王宫，希望从此在民间隐姓埋名，躲避来自王宫的祸害。两名内侍一人名叫额钦努、一人名叫额钦巴，他们带着两位王子辗转多地，靠着在村社的庙会上演奏椰笙和碰铃卖艺谋生，以此养育两位王子，生活过得十分清苦。

数年后，明基苏瓦绍盖王对两王子心生怜悯，于是下令召两名王子回宫。后再送两名王子前往彬莱镇一位高僧处拜师修习。时年王子明翠 9 岁，王子辛迪达 7 岁。

明翠王子在 12 岁的一天夜晚，忽然梦到自己的肚肠自腹中淌出，环绕阿瓦城一周。王子从梦中惊醒，深夜唤醒长老，陈述所梦情景。哪知长老听罢用力踹了王子一脚。王子猝不及防，趔趄倒地，急忙问：“师父为何责罚弟子？”长老答道：“为师当年皈依佛门，做比丘第五年，一日忽遇大风吹落僧帽，忙乱中用脚踩踏到掉落在地的帽子。此事预兆为师将来所收弟子定将为王。为师遂许愿，一旦预兆成真便修建廊桥一座，便利当地百姓。而今王子殿下梦兆大吉，不久将来必登基为王，到时切莫忘了贫僧。故而方才踢你一脚，望你就此铭记在心。”明翠听罢，心中也不由得欣喜。

不久，明翠果真登上王位，即为明康王一世。明康王也确实没有忘记当年的长老，将老法师恭请回王宫中，拜为国师，还下令修建廊桥，算是还了长老当年许下的心愿。

明康王早年落难时跟随他的额钦努和额钦巴同样也得到了封赏，升迁成为一方食邑主。

当年明基苏瓦绍盖王殿前的名臣温辛波亚扎也继续辅佐明康王一世。

图 16 明康王一世为国师摩诃泽亚塔所修建的廊桥。贡榜王朝巴基道王在位期间，由王子吴欧命人重新修缮，因此又被命名为吴欧桥。缅历 1288 年 7 月，该桥的一部分被大水冲毁

2. 明耶觉苏瓦王子

明康王一世有个王子名叫明耶觉苏瓦，武勇过人。宫外有传闻，明耶觉苏瓦王子乃是孟王亚扎底律之子转世之身。

3. 波罗坚多王子

孟王亚扎底律心疑王子波罗坚多谋反，欲处死王子。王子听闻后起誓道："儿臣对父王忠心，岂怀忤逆之心？儿臣真若不忠，愿堕入无间地狱。儿臣若被冤枉而死，来世必将投胎为缅朝王子，率兵踏平得楞邦。"誓罢服毒自尽。

亚扎底律王得知后，心中不安，亲自前往为瑞摩多神①重塑金身，并祈求："愿此功德保佑吾孟邦世代不被敌人计谋所害。"

后来缅王明康一世的王后信弥瑙身怀有喜，却忽然想吃达拉产杧果、莫塔马②地区烧荒后的土块，想喝五江汇海之水。③于是缅王遣使孟王，讨要上述物品。亚扎底律王因此深信明康王后腹中之胎便是波罗坚多王子转世，于是召集文武大臣商议对策。最后，亚扎底律王向阿瓦来使回赠了用药水浸泡过的杧果、不洁净的土和水。明康王后食饮后产下一男婴，即是后来的明耶觉苏瓦王子。

4. 明耶觉苏瓦初征

缅历 765 年，王子明耶觉苏瓦 13 岁。时年若开邦来犯缅境，王子明耶觉苏瓦领军征讨，大胜凯旋。

5. 缅孟相争

次年，即缅历 766 年，缅族阿瓦王朝和孟族勃固王朝间再起战事，其间双方发生的大规模战斗不下 10 次。

6. 德门勃央和加玛尼

缅历 775 年，茂东、茂开④等地方的掸族土司合众反叛阿瓦朝廷，起兵攻打妙都镇。明耶觉苏瓦王子再率军征讨，掸族土司不敌，逃往中国。缅军俘获掸军众多家眷。在众掸酋的策动下，中国军队于缅历 776 年与掸军一道，

①瑞摩多神，即山神。瑞摩多为孟语。

②莫塔马（Mota Ma），缅甸南部城镇，现属孟邦，又称"马达班""马都八"。

③达拉、莫塔马和五江汇海之地都位于孟邦，意指这3种物品均产自孟地。

④茂东、茂开，现位于缅甸实皆省中部甘勃卢县，古代曾为掸族的势力范围。

以讨还家眷为由向阿瓦城进军，与缅军在城外发生了战斗。[①]

古代缅甸的两军对垒，经常是以各自将领单枪匹马对阵来决定双方的胜负。

中国军队出阵的将领是加玛尼，缅军出阵的则是投诚的孟族将领德门勃央。二人纵马交战，加玛尼挥刀从头顶砍来，德门勃央举枪迎去，枪尖正从加玛尼的肋下刺入，加玛尼落于马下。缅军遂胜，中国军队退去。明康王一世大喜，重赏德门勃央。

7. 明耶觉苏瓦之死

缅历778年，缅孟两军发生第八次大战。王子明耶觉苏瓦率军突袭孟营，却因行前饮酒，不慎从战象上跌落，被战象踩伤后即被孟军俘获。

孟王亚扎底律劝慰明耶觉苏瓦道："吾侄，朕并非想加害于你，请敷药疗伤，用些饭食。待调养好后，若你愿意留在此处，朕便将公主许配予你，再封你为储君；若你愿意返回阿瓦，朕也好生遣人护送你回去。"

明耶觉苏瓦本是气节刚直之士，凛然回答："我曾有言，不攻取汉礁瓦底誓死不回阿瓦。如今至此地步，岂能成为得楞之奴虏而受辱。不成功当成仁，你杀了我吧。"

当晚，明耶觉苏瓦在孟营去世。在缅族的历史中，明耶觉苏瓦是被孟人所害。但在孟族的历史中，明耶觉苏瓦是因被战象踩伤，伤势过重而亡。[②]

明耶觉苏瓦去世的消息被写在了纸草卷上，再套在一只由当地佛教高僧所饲养的一只兀鹫的颈项上。兀鹫凌晨从孟地汉礁瓦底放飞，当日午后即飞

①缅历776年即为公元1414年，正值明永乐年间。经查看相关中文历史资料，没有发现明朝廷应掸邦土司请求发兵征缅的记载，更无中缅两军对阵和两将厮杀的记述，此处应为缅人杜撰。

②《琉璃宫史》中记载，孟王亚扎底律害怕明耶觉苏瓦前来复仇，当晚便下令处死了明耶觉苏瓦，次日散布消息说是因为被战象踩伤伤势过重死去。（见〔缅〕蒙悦法师等：《琉璃宫史》第二卷，缅甸宣传部重印，1992年，仰光，第43页）此处吴波稼能同时列举缅孟两种史书中的说法，也表明了其中立客观的态度。

抵阿瓦城。明康王一世因此得知王子明耶觉苏瓦已亡。

明康王一世遂亲率大军南下讨孟。缅孟两军交锋数役，缅军终在第十役击败孟军，俘获亚扎底律王之子德贡侯彬尼亚塞，同时还俘虏了3000余孟军士卒返回阿瓦。得楞王子彬尼亚塞在阿瓦得到了善待，并未受到牢狱之苦。

明康王一世感慨道："昔日孟王俘我儿，今日我获孟王子，如此已算是一报还一报，愿此后缅孟莫再有战事了。"不久后，明康王一世和亚扎底律王二人先后辞世。

8. 止战

缅孟两族之间的战事始于缅历748年，时值阿瓦王朝明基苏瓦绍盖王在位，双方交战持续了4年。此后缅甸南北两政权经过了13年的和平。明康王一世继位后，缅历765年缅孟再次爆发战争，这场大战一直持续了整整14年，至缅历779年双方才停战。缅历783年，缅孟之间还出现过几次小规模的战斗。

9. 大臣亚扎辞世

在缅孟南北大战后的缅历783年，学识渊博的阿瓦朝廷大臣亚扎逝世。明康王一世痛惜不已，自言："大臣亚扎好比朕之臂膀、双目，如今朕失臂膀，失明目矣。"同年，阿瓦王朝明康王一世也辞世。

10. 亚扎底律王逝世

明康王一世过世的消息传到孟王亚扎底律处，孟王感慨道："论年龄，我略长于明康，可兄弟相称。我与明康贤弟虽曾终日相争，却也是英雄相惜。如今他一人先去，留我寂寥于世。可叹这世事无常，却也终将归于平静。"

亚扎底律的后妃们听闻后，向孟王戏言道："如今陛下可以既是明康王的妹夫，又是明康王的岳父了。[①] 何不此时率军长驱阿瓦王宫，将明康的妃

①孟王后妃们的此番话，意指孟王可发兵攻取阿瓦，并同时纳明康之妹、之女为妃妾。

嫔宫女们也一同接来？”孟王听罢，斥责道：“你等休要胡言。朕年事已高，不愿再起战祸。尔后你等放心，朕会供养你等终老。朕从此愿积善行德，不再征战。”

次年，即缅历 784 年，孟王亚扎底律在捕象时受伤不治过世。

（五）底哈都[①]王（缅历 783—787 年，公元 1421—1425 年在位）

明康王一世死后，其子底哈都继位缅王。汉礁瓦底勃固王朝则由亚扎底律王之子彬尼亚达马亚扎继位孟王。孟王胞弟彬尼亚仰、彬尼亚姜二人不满兄长继承王位，统兵割据，不时与孟王争斗。看到勃固王室兄弟内斗，缅王底哈都便伺机南下攻打孟地。

缅孟两朝交战期间，孟侯彬尼亚仰将妹妹信绍布[②]献给了底哈都王。缅王底哈都大喜，对信绍布十分宠爱，封为王妃。

祸起后宫

底哈都王在位时，著名的王妃共有 3 位。她们是苏明拉、信波玫和信绍布。

在信绍布进入阿瓦王宫之前，信波玫因其美貌得到缅王的宠爱。王后苏明拉因此心中不满，令人修建了一座佛堂，出宫独自居住其中。

信绍布入宫后，底哈都迎宠新欢，继而再将王妃信波玫冷落。信波玫失宠妒恨，勾结掸邦翁榜侯谋反。信波玫向外称，缅王下令大兴劳役，自己却整日在后宫与妃嫔作乐。一日，翁榜侯乘底哈都不备，忽然出动象军袭击王宫，底哈都猝不及防，死在了叛军手中。

---

①底哈都（Thihathu），旧译梯诃都。此处底哈都与前文蒲甘王朝那腊底哈勃德王第三子卑谬侯底哈都和彬牙王底哈都两人同名，但并非同一人。

②信绍布（Shinsawbu），旧译作信修浮，为亚扎底律之女，后来成为孟族历史上著名的女王。

（六）明拉艾王（缅历 787 年，公元 1425 年在位）

底哈都辞世后，阿瓦王朝各地的其他封侯并不认可翁榜侯，共同将其击退，随后推举王后苏明拉之子、年仅 9 岁的明拉艾为新缅王。依循宫廷旧制，信波玫再被立为新王王妃。信波玫对如此安排心存不满，暗中再唆使旧时相好格礼杰当纽领兵进宫，并与其合谋毒死了在位仅 3 个月的明拉艾王。此后，格礼杰当纽自立为阿瓦新王。

（七）格礼杰当纽王（缅历 787 年，公元 1425 年在位）

格礼杰当纽本是阿瓦朝第三任国王白象之主德勒帕耶之子。格礼杰当纽登基后不久，掸地孟养侯德多率大军攻打阿瓦。格礼杰当纽于是把王妃信绍布许配给了大将勃坎德亚潘，以此慰勉其奋力抵御掸军。两军交战后，格礼杰当纽看到形势不妙，决定带着信波玫逃往若开，以求若开援军，行至百隆山时不幸忽染重疾，病死在途中，卒时距其称王仅有 7 个月。

缅王既亡，王妃信波玫决意不再继续前往若开，令随行的军队在瑞塞多驻守。

（八）孟养[①]王（缅历 788—801 年，公元 1426—1439 年在位）

格礼杰当纽王死后，孟养侯德多在阿瓦称王，即孟养王。孟养王本为蒲甘朝国王那腊勃底西都王后人，亦有缅王室血统。

1. 亚扎丁坚[②]

孟养王率军清剿前王格礼杰当纽旧部勃坎德亚潘。交战中，缅王大将

①即孟养德多（Mohnyinthado），旧译作孟养他怓。

②缅甸史籍中有多人名亚扎丁坚，多为国王封赐的勋号，此处为孟养王手下大将。

亚扎丁坚被敌军包围，只身奋力迎战。亚扎丁坚跳入一池塘退守，3 名敌军士兵为了谁能取亚扎丁坚首级而夺头功在岸边相互争吵。亚扎丁坚见状，谎称道："你等先递下长矛将我拉上岸再取我首级不迟。"这 3 名敌兵不知是计，递下长矛时反被亚扎丁坚用力将 1 人拉入水中。亚扎丁坚砍下此人首级扔回岸上，大叫一声："接住亚扎丁坚的首级！"岸上二人慌忙去抢，亚扎丁坚乘机用矛一撑，纵身跃出池塘，逃回本部。

孟养王对亚扎丁坚的机智勇猛大为称赞，重赏犒之。

孟养王征讨完勃坎德亚潘后，立孟族公主信绍布为王妃。

2. 信波玫出降

孟养王率领军队征讨驻守在瑞塞多的信波玫，信波玫出帐相迎，拜降缅王。孟养王意欲再立信波玫为王妃，特意询问："夫人可安好？"哪知信波玫生性高傲，没好气地回了一句："本宫身上有异味。"

3. 改历

自蒲甘国第二十任国王蒲甘苏罗汉下令创立蒲甘历以来，至阿瓦朝孟养王在位时，蒲甘历已沿用近 800 年。孟养王于缅历 798 年下令改历。但新历[①]并未能够很好地施行，人们于是将新历称为短历或阿瓦历，将旧历叫作长历。事实上，后来施行至今的仍然是蒲甘历，而非短历或阿瓦历。

4. 广布功德

孟养王在位期间，尊崇佛、法、僧三宝，广建塔寺佛窟，修缮佛教古迹。此外，孟养王施行仁政，不但自行布施功德，还要求众文武大臣捐出功德，为阿瓦、蒲甘和良乌等地愿意从良的妓女赎身；对有私通情形的宫女也不追究其过错，反而同意其双方成婚。同时，孟养王还赦免

---

①孟养王改蒲甘历即缅历798年为新历2年。

了大批有盗窃、抢劫等罪行的犯人。

孟养王治国宽厚有德，多积功德，行善举。孟养王于缅历 801 年辞世，在位 13 年。

(5) 女王信绍布

阿瓦王朝著名的王妃便是信绍布。信绍布本是孟王亚扎底律之女，生于缅历 755 年。

信绍布 20 岁时，其父王亚扎底律将其许配给侄子德门悉都，二人育有两女一子。信绍布 25 岁时，德门悉都早亡。缅历 784 年，29 岁的信绍布被弟弟彬尼亚仰献给了阿瓦王底哈都，在此后的 7 年里成为阿瓦王朝王妃。其间，包括作为底哈都王妃 3 年、作为明拉艾王妃 3 个月、作为格礼杰当纽王妃 7 个月，最后再作为孟养王王妃 3 年。在格礼杰当纽之后，还曾经有一段时间被许配给了阿瓦大将勃坎德亚潘。

信绍布成为孟养王王妃 3 年后，并没有得到孟养王的宠爱。在两名身居阿瓦修行的孟族僧人信丹玛达亚和信丹玛尼那的暗中协助下，乘船逃离阿瓦，返回孟地。此时，信绍布 36 岁。

缅历 814 年，59 岁的信绍布在汉礁瓦底登基，成为孟王国女王。曾协助信绍布逃离阿瓦的孟僧信丹玛达亚之后还俗，更名丹玛悉提①，成为信绍布的女婿。后来，信绍布女王传位于丹玛悉提，自己则出家德贡佛寺，并于缅历 831 年在德贡②辞世，终年 76 岁。

在缅甸古代历史上，孟族女子信绍布在勃固和阿瓦王宫中相继作为公主、王妃和王后，再到太后，直至最后登基成为孟族女王，其经历可谓是传奇的一生。

①旧译作达摩悉提、达玛塞底。

②德贡，即现今仰光。

图 17　信绍布的骨灰坛如今被安放在位于仰光桑羌镇区梅尼宫附近的信绍布佛塔内

6. 信波玫夫人

信波玫的父亲是彬牙王底哈都之孙丁卡都艾，其母亲是阿瓦王明基苏瓦绍盖之女萨拉卡黛薇。

信波玫天生貌美。8 岁时，信波玫被阿瓦王明康一世立为王妃，后来再相继被阿瓦底哈都王、明拉艾王、格礼杰当纽王和孟养王立为王妃。作为一位历经 5 代国王的阿瓦王妃，历史上对她多有评述。吴邦雅[1]就有诗句借信波玫来形容女子的貌美：“容貌姣好，宛若芳玫。五代君王，倾慕悦之。”

①吴邦雅，缅甸贡榜王朝时期的著名文学家，创作有戏剧《卖水郎》（见本书译者拙译《卖水郎》，载《外国戏剧鉴赏辞典·古代卷》，上海辞书出版社2009年版）等。后世对吴邦雅评价颇高，称其为缅甸的莎士比亚，1963年吴邦雅被世界和平理事会列入世界文化名人。

另有缅文典籍记载："信波玫平生，得幸于五王。史书多有记述，称其'披肩轻曼，仪态端庄。'"

但据记载，信波玫也生性狡诈，且自大傲慢。阿瓦底哈都王时期，信波玫就曾与掸族土司翁榜侯同谋夺位，此后再合谋毒害了明拉艾王。当孟养王恭敬地前往见她的时候，信波玫仍把孟养王当作普通的郡侯，以王后自居，自称作"本宫"。

（九）那腊勃底[①]王（缅历804—830年，公元1442—1468年在位）

1. 与若开的盟约

孟养王幼子那腊勃底继位。缅历816年，若开国王阿梨坎[②]遣来信使，表示愿意与缅王签下盟约。那腊勃底随即同意，从此若开和阿瓦两国修好。那腊勃底王于是在颇刚山林修建华美的行宫，并携一众王妃、王子及文武大臣们应约与若开王在行宫会面。

若开王同样带领诸王室成员和文武大臣前来，二王相谈融洽，还令双方文武大臣互换衣物配饰，举行王宫典仪，庆贺两国交好。缅王和若开王共同盟誓，划定以颇刚山为两国分界。阿瓦和若开的此次盟约被载入了史册并传为佳话。

2. 那腊勃底之死

那腊勃底之孙德多觉与实皆侯之女暗地相恋，那腊勃底知道后，责骂了德多觉。德多觉因此对祖父心怀嫉恨，率领自己的部属冲入王宫反叛。混乱中那腊勃底王身负刀伤，幸而在侍卫掩护下逃出王宫，继而逃往二王子明基苏瓦的封地卑谬避难。但因刀伤不治，那腊勃底王在卑谬去世。

①那腊勃底（Narapati），旧译作那罗波帝。

②阿梨坎（Ali Hkan），若开妙乌王朝（即末罗汉王朝，1410—1782）第二任国王，旧译阿梨汉，又有译为阿里钦。

3. 包拉

包拉为大将亚扎丁坚之子，武艺高强。包拉父子二人跟随那腊勃底王逃往卑谬避难。卑谬侯明基苏瓦心中嫉妒包拉武功，提出与之比武，意欲在众人前立威。比武时，卑谬侯自己乘战象出阵，却令包拉骑马迎战。包拉举枪刺中战象前腿，力道深厚，矛尖再扎入地面一尺深，最终赢得了比武。卑谬侯恼怒，下令军士追赶抓捕包拉。包拉再一枪刺向一棵桐树，树干顿时被刺穿。前来追赶的一众军士见状，皆不敢向前，空手返回。卑谬侯得知后大怒，下令把军官斩首。

（十）卑松底哈都[①]王（即摩诃底哈都拉王，缅历 830—842 年，公元 1468—1480 年在位）

1. 东吁侯

东吁侯悉都觉廷忠诚正直，深得缅王摩诃底哈都拉的信任。缅历 838 年，储君和多位大臣上奏缅王，称悉都觉廷以东吁城窄小为由扩建城池，认为东吁侯这是有谋反之心。缅王却不以为然："悉都觉廷忠厚，对朕绝无反心。尔等若不信，可遣人前往东吁，传朕口谕，即可执东吁侯发髻，解其至阿瓦城来见朕。"

众臣果真派人前往。悉都觉廷听宣后，立即遵从缅王旨意，解下自己身上的佩刀，任凭阿瓦朝廷使节揪住发髻，一路由 300 名扈从跟随，被押回阿瓦王宫。摩诃底哈都王在殿上当面询问储君和大臣们："如今尔等有何话可讲？"众臣皆不敢再语。缅王于是大加赏赐东吁侯。

①卑松底哈都（Pyison Thihathu），旧译作梯诃都罗。

2. 德门勃央与色龙觉康

摩诃底哈都拉王在位期间，还记载有投诚阿瓦的孟族大将德门勃央和中国武将色龙觉康单骑交战的故事，[①]其情节与明康王一世在位时德门勃央与中国武将加玛尼交战的记述大为相似。不过两个事件相距63年，且明康王一世时期的德门勃央是孟王亚扎底律之婿，可以推断此处的德门勃央应为同名的阿瓦朝将军，前后并非同一人。

（十一）明康王二世（缅历842—863年，公元1480—1501年在位）

摩诃底哈都拉王死后，其子明康王二世继位。这期间，缅甸的古典诗歌文学得到了长足发展，涌现出了著名的僧侣文学家信摩诃拉塔达拉[②]、信摩诃蒂拉温达[③]，他们创作的比釉体诗歌[④]和文学作品被后世所传颂。

相传明康王二世擅骑，精通17种骑术，可在奔驰的马背上做出站立、俯卧等各式动作，此外还精通书法和雕刻等技艺。

---

①在中文史料中查无此记载。

②信摩诃拉塔达拉（1468—1530），缅甸阿瓦时期著名僧侣文学家，与信摩诃蒂拉温达齐名，创作了堪称缅甸古典诗歌范本的比釉体长篇诗歌《九章》。

③信摩诃蒂拉温达（1453—1518），缅甸阿瓦时期著名僧侣文学家，编写了缅甸第一部编年体史书《名史》，并创作了缅甸第一部古典小说《天堂之路》。

④比釉体诗歌，兴起于缅甸阿瓦时期的一种四言长篇叙事诗歌体裁。

（十二）瑞南觉欣[①]王（缅历 863—888 年，公元 1501—1526 年在位）

明康王二世之子瑞南觉欣王继位后，重新修建了阿瓦城的王宫。因为新宫殿华丽非凡，缅王也被冠以“瑞南觉欣”的名号。

掸族的入侵

阿瓦王室传位至瑞南觉欣之前的近百年时间里，不时有格雷、孟养、孟拱等地[②]的掸族邦酋叛乱，北部的掸族此时也大规模南迁，进入缅族地区。阿瓦瑞南觉欣王在位时，阿瓦的缅族政权已经很难抵御掸族人的进攻。掸族首领孟养侯色隆[③]带领长子多汉发[④]攻打阿瓦城，瑞南觉欣王亲自率军御敌，不幸所乘战象头部被火铳击中，缅王跌落，殒命于乱军中。

孟养侯攻下阿瓦城后，自己率部返回属地，由其子多汉发在阿瓦称王。在缅甸古代史上，这是缅族政权被第二次中断，自此进入了第二次掸族政权时期。

---

①瑞南觉欣（Shwenankyawshin），旧译瑞南乔信。在缅文中，“瑞南觉”意为“金碧辉煌且华丽的宫殿”，“欣”意为“主人、君王”。

②孟养位于现今缅甸克钦邦密支那市西南约100千米处，孟拱位于密支那市西南约30千米处。［见〔缅〕丹通（THAN TUN）编撰：《缅甸历史地图集》，缅甸教育部历史委员会，2005年，第57页；再见中国地图出版社2002年版《世界分国地图·缅甸》将孟养译作莫宁、将孟拱译作莫冈。］缅甸克钦邦邦府密支那及以南地区至今世居有人数众多的掸族。

③色隆，旧译作思伦。

④多汉发（Thohanbwa），旧译作思洪发。与前文彬牙王朝时期出现的“九十万之主”多汉发为同名的两人。

七、第二次掸族政权

（一）多汉发（缅历 888—904 年，公元 1526—1542 年在位）

缅甸有一句隐喻历史的俗语道："三八合，木橘裂。"[①]

缅历 600—700 年间，掸族三兄弟征服了敏赛、彬牙、实皆等地，建立了古代缅甸的第一次掸族政权。自缅历 888 年多汉发称王至缅历 913 年掸王摩别那拉勃底[②]结束在阿瓦城的统治，第二次掸族政权共持续了 25 年。

1. 缅族政权的衰亡

自从掸族占领阿瓦城后，原先阿瓦王朝的缅族王室和贵族们纷纷逃离阿瓦，多汉发遂在阿瓦称王。缅甸全国出现了群雄分立的局面，这包括阿瓦的掸族多汉发王、卑谬的缅族那拉勃底王、汉礁瓦底的得楞孟族都信德伽育毕王，还有在东吁地区积蓄力量的缅族德彬瑞梯[③]王。因为掸族入侵，当时有大批的缅族人因无法继续在阿瓦生活，纷纷逃往东吁避难，东吁于是成为当时缅族实力最为强大的地区。

①这是一句包含隐喻的缅甸俗语，意指缅历888年缅甸国家陷入分裂。这句俗语直译为"缅文第三个字母同时出现三次，木橘相互撞击。"其中，借用缅文第三个字母和缅文数字"八"在书写字形上相似，暗指缅历888年；再用成熟的木橘果实相互撞击碎裂来比喻缅甸出现分裂。

②旧译作无毗那罗波帝。

③德彬瑞梯（Tabinshwehti），东吁王朝开国国王，旧译作莽瑞体。

2. 灭佛事件

掸族多汉发王入主阿瓦后，施政暴虐无道，欺压百姓。缅人崇敬佛事，民众积攒的金银多布施供奉于塔寺。多汉发却藐视佛法，认为全国钱财均被佛寺占取，并认为僧侣信徒众多，却又无家室妻小，随时都会有叛乱的可能，因此心生恶念，要寻机杀害僧侣。

多汉发下令在开阔的空地上搭建斋棚，借举行布施会为由，邀请了 1300 余名长老和僧人前来赴会。其间，多汉发在会场埋伏下军士，忽然冲出击杀众僧。共有 360 余位僧人在此次灭佛事件中遇害。之后，阿瓦地区的佛教僧侣纷纷逃离，去往卑谬、东吁等地。多汉发却仍不罢休，继续下令焚毁三藏经书，推倒塔寺，抢夺其中供奉的珍宝。

3. 贤臣明基仰瑙

大臣明基仰瑙是阿瓦王朝瑞南觉欣王之侄。在都城阿瓦被掸人攻陷后，明基仰瑙本想逃离阿瓦避难，孟养侯色隆听闻他的才能将其招募，并分封食邑，示意明基仰瑙能够在阿瓦辅佐其子多汉发。大臣明基仰瑙为人正直，体恤百姓，反对战争。

多汉发在阿瓦称王之后，意欲继续发兵攻打缅族控制的卑谬和东吁，就此与大臣明基仰瑙商议。明基仰瑙料卑谬和东吁无力抵抗掸族军队，如果开战，整个缅甸将会落入掸族之手。于是，明基仰瑙对多汉发说，国家常年征战，兵马劳顿，如若执意发兵，必会有损大王威德，剩余缅族诸侯虽然分据一隅却不成气候。多汉发听后，也就打消了出兵的念头。

与此同时，大臣明基仰瑙又暗中差人说服卑谬侯和东吁侯，让其向掸王多汉发进献贡礼，这使多汉发更加确信了缅族诸侯们对阿瓦的效忠。战争虽然就此避免了，然而东吁和卑谬还是在与阿瓦的边界附近修筑了许多沟渠和堤坝，以防范阻挡掸人继续南下。

4. 行刺多汉发

多汉发统治阿瓦期间，不但压迫百姓，更对佛、法、僧三宝不敬，这使得民间怨声载道。在阿瓦王宫里，缅族还受到了掸族的欺压。掸人常故意将缅族官员所戴的传统包头巾扯下，有意让缅人当众难堪，甚至施以拳脚。缅族官员们忍受不住，前往大臣明基仰瑙处诉苦。

明基仰瑙素来伸张正义，也早对多汉发的暴政心怀不满，当下便与众缅臣齐谋刺杀多汉发。

缅历904年，多汉发出巡，与随行大臣、扈侍入住行宫花苑。明基仰瑙召集缅族官吏，暗嘱众人随身藏匿好刀剑，仍旧按各自司职在行宫内值守，约定得号令便出，合力击杀掸族大臣。一日，多汉发王在行宫召见众臣，缅族和掸族大臣衣冠整齐，各自分列两班听命。依循王宫的规定，大臣们在上朝时不允许携带兵器。明基仰瑙为了取得兵器，故意和多汉发谈论起宝刀的话题。多汉发继而问道："传闻蒲甘朝缅王那腊都王[①]有一口宝刀，此刀若砍向骑乘战象的敌人，非但能将敌人砍作两半，甚至能伤及战象，此事是否当真？"明基仰瑙回禀称自己知晓此宝刀，并随即令人取来历代缅王佩刀，从中辨认出一柄，弯腰拾取后恭敬地呈给多汉发王。就在上前呈刀的一刻，明基仰瑙忽然挥刀劈向多汉发，多汉发当即毙命。传说，当时多汉发身旁的一棵碗口粗的象竹也连同被砍作两段，可见此宝刀确实锋利。

多汉发既亡，行宫内四下埋伏的缅人拿出藏好的兵器，追赶掩杀慌乱逃散的掸族大臣。

（二）明基仰瑙让贤

多汉发死后，阿瓦朝中众大臣都拥戴明基仰瑙为新王。明基仰瑙拒绝说，只因暴君无道，才与众臣合力为国除害，但从无夺取王位之意。明基仰瑙

①蒲甘第四十六任国王，阿朗悉都王之子。

并说，翁榜孔迈是阿瓦王那腊勃底的子嗣，十分善待缅族百姓，大家应该共同推举他做国王。众人纷纷允从。

1 年以后，明基仰瑙别离俗世，独自进山修行，出家为僧。

（三）掸族政权的终结

多汉发死后，翁榜孔迈继任阿瓦第十五任国王，翁榜孔迈之子摩别那拉勃底继任阿瓦工朝第十六任国王。摩别那拉勃底继位的第六年，实皆侯西都觉廷自号缅王那拉勃底，起兵征讨阿瓦城的摩别那拉勃底王，后者不敌出逃，西都觉廷率军进入阿瓦城称王。

至此，始自缅历 888 年多汉发开始的第二次掸族政权，在维系了 25 年后，于缅历 913 年宣告终结。

（四）第一阿瓦王朝灭亡

缅历 916 年，阿瓦第十七任国王实皆那拉勃底王在位的第三年，东吁的缅族首领德彬瑞梯和勃印囊起兵攻占阿瓦王城。实皆那拉勃底王被俘，被遣至孟地汉礁瓦底终老。

第一阿瓦王朝自缅历 726 年由德多明帕耶王建立，至缅历 916 年实皆那拉勃底王结束，历经 190 年，共 17 任国王。其间，第一阿瓦王朝实际的都城并非始终是阿瓦城，许多时候是在位国王原先的食邑城，像东吁城、汉礁瓦底城等都曾经做过都城。德彬瑞梯、勃印囊[①] 相继称王后，随即派遣近臣前往阿瓦城担任食邑侯。

至缅历 916 年，第一阿瓦王朝宣告终结。在随后 43 年的时间里，缅甸的国王也并没有居住在阿瓦城，而是由东吁王朝的国王派遣官员作为食邑

①勃印囊（Bayinnaung），旧译莽应龙，德彬瑞梯王的继任者、东吁王朝著名国君。

侯治理。直至缅历 959 年，缅甸的国王才又重新返回阿瓦居住。而此时的缅甸王朝都城已经更换至东吁城，由此开启了缅甸古代历史上另一个全盛的王朝，这便是东吁王朝。

八、东吁王朝

蒲甘王朝第四十八任国王那腊勃底西都时期，大臣阿难多都利耶的族人达翁基和达翁艾兄弟二人于缅历 641 年建立了东吁城。建城当年，时值蒲甘王朝第五十二任国王那腊底哈勃德在位。东吁建城之后，城邑主传位至第三十代，即德彬瑞梯王。

德彬瑞梯建立了东吁王朝，历经传位 16 代国王。

(一)德彬瑞梯王(缅历 893—913 年，公元 1530—1550 年在位)[①]

德彬瑞梯的父亲明基纽[②]，即东吁城第二十九代城邑主，是为蒲甘王朝第五十三任国王的后人。其母为额内贡村村长之女。缅历 892 年，德彬瑞梯继任东吁城食邑主，时年 14 岁。

缅历 894 年，为了前往位于孟地的瑞摩多佛塔举行穿耳孔仪式，年仅 17 岁的东吁王德彬瑞梯亲率骑兵 40 人深入敌方孟族领地。孟王都信德加育毕听闻，派遣大军将德彬瑞梯团团围住。德彬瑞梯勇猛无比，左突右挡，率部冲出重围，孟人兵将无人敢阻挡。

年轻勇猛的东吁王德彬瑞梯有一位姐姐，名叫德钦季。德钦季的丈夫，即德彬瑞梯的姐夫，便是缅甸历史上有名的勃印囊王。自德彬瑞梯登上王位后，勃印囊便是他得力的左膀右臂。勃印囊也一直悉心地辅助德彬瑞梯，为

①德彬瑞梯的继位年份参考《琉璃宫史》为公元1531年，这里按原书译出。

②明基纽（Minkyinyo），旧译作明吉瑜。

东吁王赢得了屡屡战功。这些经历也成就了勃印囊，之后他继承了德彬瑞梯的王位，成为缅甸历史上最为伟大的国王之一。

关于勃印囊的生平，缅甸诸多历史著作和文献里都有叙述，其中有很多写到勃印囊有着缅族王室的血统，或者至少是朝廷中权高位重的大臣之后。但是，根据对东吁王朝相关的古代奏章、文书等进行考证，勃印囊并非出身王族。①

勃印囊的生父实际上只是一名东吁梯莱村负责采摘棕榈的小吏，名为貌丁戈，其母名为玛敏拉。勃印囊因为在孩童时常攀爬棕榈树，并能敏捷迅速地采摘下棕果，于是父母为其取名作貌恰岱②。后来，因为听从了占卜师对预兆的解释，貌恰岱一家搬迁至东吁城居住。再有因缘关系，貌恰岱的母亲玛敏拉成为东吁少城主即年幼时的德彬瑞梯的乳娘。于是，貌恰岱和德彬瑞梯便成了儿时的玩伴。因貌恰岱比德彬瑞梯稍年长，尔后再得名称勃印囊③。

由于德彬瑞梯、勃印囊和德彬瑞梯的姐姐德钦季 3 人自幼相识，亲密无间，成年后勃印囊便与德钦季结为夫妻。

勃印囊虽然并无缅族王室血统，但其与东吁王室有着这段传奇经历，再及后来他跟随德彬瑞梯四方征战，立下无数战功，并成为东吁王朝乃至缅甸历史上的一代名王。缅甸的各类史书文献都对勃印囊王大加颂扬。

德彬瑞梯在东吁称王的时候，缅甸各地诸侯群雄四立。除了东吁，还有南部汉礁瓦底孟王、中部的卑谬王、西部的若开王和名义上保持着缅族王朝统治者的阿瓦王，以及有周围各地诸如孟养侯、孟拱侯、八莫侯、翁榜侯、

①关于勃印囊的出身，吴格拉《大史》和《琉璃宫史》等缅甸史书中都记载勃印囊是王族血统，但在孟族、若开族的史籍中却有勃印囊出身低微的记录。此处吴波稼援引了缅甸国内非主流的观点，表明了其采纳各方资料和观点求新的态度。

②“貌”是缅文中对年轻男子姓名称谓的前缀，“恰岱”为音译，缅文意为“向上攀爬并取下（物品）”。关于勃印囊的本名，缅甸大多史书中记载为“信耶图”。

③缅文中“勃印”意为“国王”，“囊”意为“大哥”，勃印囊缅文意思是“国王的哥哥”。关于勃印囊与德彬瑞梯的关系：勃印囊是德彬瑞梯的姐夫，其母为德彬瑞梯的乳娘，二人自幼结伴，这些说法在缅甸各类史书中的记载都是一致的。

良瑞侯等各路诸侯环伺。

最终，德彬瑞梯王结束了以上各地分治的状况，实现了缅甸全国的统一，建立起了东吁王朝。

1. 征服汉礁瓦底

缅历 896 年，德彬瑞梯和勃印囊出兵汉礁瓦底。经过 3 年的征战，最终在缅历 899 年征服了孟族王国。

孟邦国王都信德加育毕不敌东吁军队，率残部逃至其妹夫卑谬王纳亚波底处。德彬瑞梯遂率军追赶。卑谬王惧怕东吁军，向居于阿瓦的多汉发求救，于是形成了汉礁瓦底、卑谬和阿瓦三方联军对抗东吁军的局势。数次交战后，东吁水军小胜，双方僵持不下，德彬瑞梯便退回汉礁瓦底城，蓄势再次出兵。

2. 勃印囊屡立战功

在东吁军攻打卑谬城的时候，勃印囊率军强渡南约河，意欲生擒退守在河对岸的都信德加育毕王。渡河后，勃印囊下令击沉所有渡河用的舟船。众军士大惑不解，向勃印囊道："敌军人数是我军人数近10倍，我军此番出击胜算无几，若全军撤退，已无舟船，如何是好？"勃印囊答道："尔等不用忧虑，只有击沉渡河的舟船，我军将士才能孤注一掷，誓死全力攻敌。如此我军定可取胜。"东吁军遂胜。

又一次，德彬瑞梯王嘱咐勃印囊："汝率前军行至林密处若遭遇敌军，切莫恋战，且退守等待我率后军赶到，再一并迎敌。"后来勃印囊果然与敌军遭遇，勃印囊却传令向德彬瑞梯王报捷。众军士再次不解问道："主帅，我等尚未与敌交战，为何先向主公上报已获胜？若我等战败，主公岂不降大罪于我等？"勃印囊却道："只有如此，我军方可全力迎敌。我军胜，则你我在主公面前性命可保；倘若我军失利，我等也将马革裹尸，战死沙场。倘若战事果真至此，那时主公又怎会降罪于我等？"众将听罢，人人奋勇杀敌，缅军全胜而归。

勃印囊不但勇猛，且善于计谋，因此率军征战攻无不克，战无不胜。

3. 都信德加育毕王邂逅仙女

逃亡至卑谬的孟王都信德加育毕率众在山中寻捕野象，驯服后用以补充象军。途中，都信德加育毕王在密林中与侍从走散，只身落单。其间，孟王在一湖边邂逅了一名山中仙女。须臾，仙女再忽然消失。返回卑谬城后的当夜，都信德加育毕王暴卒于帐中。

阿瓦王朝第三任国王德勒帕耶也同样是与仙女相遇之后离世的。

4. 迁都汉礁瓦底

德彬瑞梯在扩建汉礁瓦底城后，于缅历 901 年自东吁迁都至汉礁瓦底，并册封勃印囊为东吁王，继续掌管东吁城。

5. 攻取卑谬和若开

缅历 903 年，德彬瑞梯率军攻占卑谬。缅历 908 年，若开王去世。若开王室的此番变故继而引来了储君与其叔父丹兑侯之间的龃龉。丹兑侯因此暗地投书德彬瑞梯，邀缅王前来若开。于是德彬瑞梯和勃印囊率军前往，并轻易地取得了若开。不过，德彬瑞梯再将若开北部交给了若开储君管辖，若开南部则命丹兑侯统领，自己则率军返回。

6. 进攻阿瑜陀耶

在德彬瑞梯率军前往若开的时候，泰人王国阿瑜陀耶的军队进犯缅甸南部的土瓦。缅历 910 年，德彬瑞梯从若开返回，率军径直前去征讨阿瑜陀耶。经过数次交战，德彬瑞梯率领的东吁军队不但大胜阿瑜陀耶军队，还俘虏了阿瑜陀耶亲王、王子和驸马等一众王室成员。此后，泰国阿瑜陀耶王朝表示臣服于缅甸东吁王朝，每年向缅朝廷进贡象 30 头、白银 300 缅斤，每年再向缅东吁朝廷缴纳德林达依的商船赋税。阿瑜陀耶臣服之后，德彬瑞梯王将泰王室成员释放回国。

7. 德彬瑞梯王迷失

德彬瑞梯在攻取了上缅甸后，依照缅王登基的传统举行了灌礼加冕仪式。缅历 907 年，德彬瑞梯王再依照孟族的传统在孟邦汉礁瓦底举行了灌礼加冕仪式。

德彬瑞梯王尊重孟族传统，曾仿照孟族传统的样式髻发，身着孟族的传统服饰。德彬瑞梯王有一位十分美丽的王妃，亦令其身着孟族服装，理由就是他认为孟族服饰比缅族的要更为漂亮。

德彬瑞梯王尝抱负将缅甸再次统一，虽未能如愿，但他在位期间征战四方，东吁王朝武力强盛，为最终缅甸再次建立起完全统一的新王朝奠定了基础。却不知，此时厄运正向德彬瑞梯王袭来。

令人担忧的事情发生在征阿瑜陀耶返回缅甸的途中。当时，德彬瑞梯王十分宠信一名葡萄牙船长。葡人船长向缅王赠送西洋火枪，并陪缅王一同试射，博得了缅王的欢心。缅王因此还赐给了葡人船长一名宫女为妻。

葡人船长经常向德彬瑞梯王陈献西方餐食，还有添加了糖蜜的洋酒，使他因此沾染了酒瘾。嗜酒让德彬瑞梯王变得神志不清，言行政令常常出错，不但闹出将甲妻许给乙夫，再把乙妻配给甲夫这种有悖纲常的荒唐事，更甚者不忌律法，滥杀无辜。

勃印囊一向忠勇正直，见此状后直言相谏，希望缅王能够迷途知返。无奈缅王已近迷失，谓勃印囊道："王兄不必再多言，朕在宫中且快乐，这全国上下大小政事，就有劳王兄帮朕打理罢。"此后，缅王在宫中更加沉迷享乐，健康也每况愈下。

再以时日，缅地、孟地、掸地等各方诸侯大臣纷纷进言勃印囊，劝说其应该好生安置缅王，之后可自立为王。勃印囊回绝道："古虽有言'德者理政一日，胜于无道者在位百年'，但我等皆身为臣子，一日为臣，则须谨守为臣之道。众位不可再妄言废黜立新之事。诸位尽可放心，只要我在宫中，保证诸位爵位官职不会有变。” 把各诸侯劝返后，勃印囊便设计将葡人船长从缅王身边遣送离开了缅甸。

在古代缅甸，王宫中弑君并夺取王位的事情是比较常见的。在当时的情形下，缅王失德，勃印囊兵权在握，倘若果真废黜缅王并取而代之，百姓众臣也都不会有何异议，但勃印囊对德彬瑞梯王忠心耿耿，始终如一。勃印囊因此得到了下属的敬戴和其他诸侯大臣的尊重。如此忠诚护主者，在缅甸历史上只有江喜陀王可与其相比。

8. 德彬瑞梯王之死

缅历 911 年，丁茵[①] 侯德门陶亚玛起兵叛乱，勃印囊率军前往平叛，行军驻扎在距离丁茵不远的达拉地区。

此时，锡唐侯德门绍图也意欲篡位，并与宫中担任右刀卫的胞弟密谋，伺机刺杀移驾格达行宫暂居的德彬瑞梯王。

缅历 912 年的一个夜晚，当德彬瑞梯王大醉后在寝宫熟睡时，被右刀卫行刺身亡。据传，缅王头颅被砍下滚落御榻前，但到次日黎明仍怒目圆睁，如同活人一般，直至上午巳时才渐渐合眼。有高僧见状，当即预言汉礁瓦底在将来必被缅人所统治。

（二）勃印囊王（缅历 912—943 年，公元 1550—1581 年在位）[②]

德彬瑞梯王遇害后，其兄勃印囊继承了东吁王朝的王位。

德彬瑞梯王曾在缅历 901 年迁都汉礁瓦底。

---

①丁茵，旧译作沙廉、沙帘、丹林、锡里安等，位于仰光东南郊、仰光河东岸，是缅甸最早的港口之一，至少在17世纪初就已有葡萄牙人到达该地，是西方殖民者较早涉足缅甸的据点。

②勃印囊的继位年份参考《琉璃宫史》为公元1551年，这里按原书译出。

1. 缅甸的疆域

德彬瑞梯王和勃印囊王在位期间为缅甸开疆拓土，使得东吁王朝拥有了缅甸历史上最大的疆域。除缅甸本部以外，阿瑜陀耶、清迈、东掸邦、北掸邦以及缅甸西北部的曼尼普尔地区，均纳入了东吁王朝的版图。孟加拉和阿拉干[①]也每年朝贡，臣服于东吁王朝。

2. 攻占阿瑜陀耶城

东吁王朝勃印囊王在位期间曾两次进攻阿瑜陀耶城。第一次发生在缅历925年，这次战争以缅甸大获全胜而告终。[②]第一次缅泰战争时，缅甸军队攻占了泰人国都阿瑜陀耶城，还俘获了阿瑜陀耶国王[③]、王子和众多大臣，仅留下泰人的储君在阿瑜陀耶城留守。

据记载，在缅甸军队返回的时候，不仅把阿瑜陀耶国王和王室成员、众大臣从泰人的王都解押回了缅甸，还往缅甸带回了大批泰人手工艺匠人、建筑师、雕刻师、画师和医药师，还有众多的器乐师和歌舞艺人以及成群的驯象。缅甸军队的战利品还包括300余件用黄铜铸制的人像，其中甚至有泰人国王、王后和其他王室人物塑像。这些铜像做工精美，栩栩如生。在勃印囊王去世后，这些铜像再被若开人掠去，直到缅历1146年贡榜王朝时期的波道帕耶王才将其收回。这些塑像的一部分，如今仍保存在曼德勒的摩诃牟尼佛寺内，成为难得一见的历史文物。

---

①阿拉干即现今缅甸若开邦。

②按泰国历史记述，战争起因是东吁首先向阿瑜陀耶提出要求，要其进贡白象以此向阿瑜陀耶宣示东吁的宗主国地位。阿瑜陀耶拒绝了东吁的要求，战争遂于公元1563年爆发。因为战争起因，此次暹缅战争也被称为“白象战争”。（见〔美〕戴维·K.怀亚特：《泰国史》，郭继光译，中国出版集团2009年版，第87页；段立生：《泰国通史》，上海社会科学院出版社2014年版，第103页）

③按泰国的记载，发生在公元1563年（缅历925年）的缅泰“白象战争”中，泰王并没有被缅军所俘，而是王子纳黎宣和两名主战的大臣作为人质被带回缅甸。（见段立生：《泰国通史》，上海社会科学院出版社2014年版，第104页）

据记载，凯旋的缅甸军队威武雄壮。军中的2000余头战象披着战甲，装点着鲜艳的瓔珞，一路缓缓走来，气势磅礴。再有数万马军、步军兵士，队伍延续数里，军中的象脚鼓、鼓锣齐鸣，军威雄壮。勃印囊王乘坐在战车上，坐镇中军，威仪非凡。缅军从阿瑜陀耶王宫俘来的泰人王子、王公贵族和妃嫔后宫等众则分乘车舆，跟随在行进的队伍当中。装载着不计其数的铜像、金银珠宝和财富的车队也与之前行。当得胜的缅甸大军班师回朝，行进至汉礁瓦底城时，全城百姓上下欢腾。这确实是缅甸历史上令人骄傲的时刻。

这次战争是缅甸历史上第一次战胜阿瑜陀耶，而赢得这次战争一个额外的收获便是缅甸在艺术领域从泰国得到了很多借鉴学习。

3. 第二次征阿瑜陀耶

缅历930年，即第一次与泰国之间的战争结束5年后，再次发生了第二次东吁—阿瑜陀耶战争，即第二次缅泰战争。

阿瑜陀耶国王比亚达底亚扎[①]被缅军所俘，缅王对其以礼相待，并供养其俸禄。比亚达底亚扎却以僧人的身份向缅王告请回阿瑜陀耶城礼佛，缅王并没多加思索便准许其返回。比亚达底亚扎刚一回到阿瑜陀耶城即宣告还俗并继位，并与王储共同反抗缅甸。缅王勃印囊因此再次发兵征讨阿瑜陀耶。[②]

①此处人名为音译，泰国历史材料中查无此人。

②关于公元1568年（缅历930年）缅泰战争的起因，两国的记载不尽相同。缅甸《琉璃宫史》中称：“白象战争”中被俘的泰王在汉礁瓦底（勃固）出家为僧，经缅王（勃印囊）同意后返泰礼佛，但泰王返回阿瑜陀耶城后立即还俗并组织抗缅，因此招致勃印囊的第二次征暹。（见〔缅〕蒙悦法师等：《琉璃宫史》第二卷，缅甸宣传部重印，1992年，仰光，第357、392—393页）此种说法再被哈威在其《缅甸史》（〔英〕哈威著、姚楠译注、陈炎校订：《缅甸史》，商务印书馆1957年版，第208页）中引用，但泰国历史中并无此记述。

缅军围困阿瑜陀耶城，泰人老国王在缅军困城期间病亡。[①] 泰国战败，阿瑜陀耶王储即新王也被俘往缅甸。[②] 战争结束后，勃印囊王再扶持老泰王之婿、彭世洛[③] 太守为阿瑜陀耶新王，[④] 缅军也班师回朝。

4. 与锡兰的交往

缅历 948 年，锡兰达摩巴兰王与其他 3 位国王共同分治锡兰，但其余三王废弃佛法，崇信异教。达摩巴兰遂遣使觐见缅王，请求缅王出兵锡兰驱逐三王，重扬佛法。勃印囊王应允，派遣大军远征锡兰。

缅甸大军抵达锡兰岛后，岛上民众看到缅军旌旗鲜艳，军容雄壮，无不敬畏，锡兰三王因此追随达摩巴兰王，一同皈依了佛教。

5. 征若开勃印囊离世

缅历 943 年，勃印囊王让众王子代理朝政，亲率大军出征若开，不幸在途中病逝。东吁朝勃印囊王享年 66 岁，共在位 32 年。

6. 勃印囊王功绩

勃印囊王在位期间，有如下功绩。

一是拓展缅甸的版图至缅甸历史上最为辽阔；二是从阿瑜陀耶系统学习了音乐舞蹈和器乐演奏等艺术；三是铸铜、冶铁及漆器的制作等手工艺在全

①泰王摩诃查克腊帕特（Maha Chakkraphat，公元1548—1568年在位），在公元1568年（缅历930年）缅军围困阿瑜陀耶城时亡故。（见段立生：《泰国通史》，上海社会科学院出版社2014年版，第104页）

②按泰国历史记述，查克拉帕特之子马欣（Main，公元1568—1569年在位）在其父病亡后继位，之后被缅军俘往缅甸。（见段立生：《泰国通史》，上海社会科学院出版社2014年版，第105页）

③彭世洛，泰国地名，即现彭世洛府，位于泰国北部。

④按泰国历史记载，摩诃昙摩罗阇（Maha Thanmmaracha，公元1569—1590在位）在战争结束后被缅甸扶植为国王。（见段立生：《泰国通史》，上海社会科学院出版社2014年版，第105页）

缅甸得以普及；四是遵循蒲甘王朝阿朗悉都王政令的做法，在缅甸全国再次统一了度量衡，包括缅箩[①]、半缅箩、缅升[②]、半缅升等容量单位，缅斤[③]、缅钱[④]等重量单位，以及缅尺、达[⑤]等长度单位；五是在蒲甘、色雷、勃坎艾、额德亚等地，民众有将活牛、活猪和活鸡等宰牲后祭献卜巴神山上所供奉传统神的习俗，缅王下令禁止了此类宰牲祭神的做法；六是在掸邦广大地区，凡当地首领死后，其骑乘过的象、马和宠信的随从都会被杀死后一同陪葬，缅王下令禁止了这类陪葬的做法；七是遣派高僧前往缅甸偏远、佛法未及地区或信仰异教的地方弘扬佛法三藏，甚至当佛教在锡兰受到排斥的时候，缅王还曾派遣高僧前往锡兰。

（三）五塔施主之王南达勃因[⑥]（缅历943—961年，公元1581—1599年在位）

勃印囊王死后，其子南达勃因在汉礁瓦底登基继位，成为东吁王朝新国王，号五塔施主之王。但是，经过勃印囊征战四方所创立的东吁王朝却在南达勃因王在位期间解体了。

勃印囊王武功卓著，不但统一了缅甸本部，还征服了周边各邦，但是他却忽略了如何很好地治理这些地区。在征服一地后，勃印囊王留下王公和王子们管理当地，但他们相互之间不团结，各自争权夺利。这使得东吁王朝的统治根基变得不稳固，这也是东吁王朝的国力在短期内便衰退的主要原因。

①缅箩，缅制容量单位，1缅箩约合41公升。

②缅升，缅制容量单位，1缅升为1/16缅箩，约合2.56公升。

③缅斤，缅制重量单位，1缅斤约合1.65公斤。

④缅钱，缅制重量单位，1缅钱为1/100缅斤，约合16.5克。

⑤达，缅制长度单位，1达为7缅尺，约合3.2米。

⑥南达勃因（Nandabayin），旧译莽应里。

东吁势颓后，阿瑜陀耶不但不再臣服缅甸，甚至还举兵进犯。

当时，有许多僧人因为想逃避国王的赋税和征役而出家，缅王于是下令此类僧人还俗或将其中一些僧人强制遣送至良渊、阿瓦、实皆、掸邦等地的寺院。在这些僧人当中，深谙占卦和消灾经咒的孟族高僧巴迈、巴德莫两名法师也被遣送到了良渊。这两人于是投奔了东吁国王南达勃因之弟良渊侯明耶南达摩。良渊侯一直与王兄不和，两名法师的到来，自然加强了他的实力。

1. 王储明耶觉苏瓦骄横跋扈

缅历 955 年，东吁国王召其子阿瓦侯明耶觉苏瓦前来汉礁瓦底，封其为王储。但明耶觉苏瓦当了王储之后的不当作为使得本已动荡分裂的国家状况变得更加糟糕。其中，最不得人心的事情有 3 件。其一，在应诏南下汉礁瓦底时，强令缅甸北部的居民跟随前往。其二，汉礁瓦底地区穷苦民众大多为孟族，王储却下令不允许孟族平民耕种，只将田地分给朝廷官员，还把收获的粮食囤积起来，等待粮荒的时候再以高价向百姓出售。其三，王储下令兵士持枪矛扑杀城中所有的犬只。

2. 汉礁瓦底陷落及南达勃因之死

各地的叛乱不断发生，东吁王朝摇摇欲坠。缅历 960 年，南达勃因王之弟、东吁侯明耶底哈都联合若开侯反叛，率兵进攻汉礁瓦底。缅历 961 年，汉礁瓦底被攻陷，东吁国王五塔施主之王南达勃因被解送至东吁后被处死。

汉礁瓦底被叛军攻陷后，阿瑜陀耶王也乘机出兵缅甸，曾一度进攻至东吁城下。

此时，若开军队偷袭并占领了汉礁瓦底城。若开王不但下令将勃印囊王时期修建的宏伟宫殿付之一炬，还把城中饱受战争之苦的 3000 余百姓强征作劳役迁出。同时，若开王再下令把勃印囊王当年从阿瑜陀耶城获得的战利品，包括 30 余尊精美的铜制佛像和 1 头白象，连同汉礁瓦底公主，即南达勃因王之女一同带去了若开。

（四）汉礁瓦底

若开王令葡萄牙人额辛加率军士驻扎丁茵，成为丁茵镇守。

汉礁瓦底历经数次战争，昔日壮丽的都城被毁于一旦，只剩下残垣断壁，令人叹息。战乱给当地百姓造成了深重的苦难，到处一片凄凉。很多人因战争、饥荒和疾病死去，一时间城内外白骨露野、饿殍遍地，河道里甚至因漂浮了太多尸体而无法行船。幸存下来的人没有粮食，更有甚者还出现了食人的悲剧。

（五）阿瓦各诸侯

在汉礁瓦底战乱之际，北部的阿瓦地区在缅历 916—959 年期间，依次由 3 位诸侯统治。他们分别是勃印囊王在位期间的德多明梭侯、南达勃因王在位期间的明莱加侯和明耶觉苏瓦侯。

自缅历 959 年，开启了缅甸第二阿瓦王朝。

九、第二阿瓦王朝[①]

（一）良渊王（缅历959—967年，公元1597—1605年在位）和子阿瑙白龙[②]王（缅历967—990年，公元1605—1628年在位）

1. 第二阿瓦王朝的建立

缅历959年，即在汉礁瓦底被攻陷和南达勃因王受难的两年前，缅甸全国各路诸侯争霸，战乱不断。南达勃因之弟良渊侯[③]明耶南达摩率领军民迁到了旧都阿瓦。在孟族高僧巴迈法师和巴德莫法师的协助下，良渊侯重新修缮了阿瓦城并在此称王。从此，开启了第二阿瓦王朝。

良渊王死后，其子阿瑙白龙继任阿瓦王。阿瑙白龙王在位期间，轻而易举地取得了战乱之下的缅甸广大地区。但若要实现全国的统一，仍有卑谬和东吁两地没有臣服。

2. 攻取卑谬

缅历970年，阿瓦王阿瑙白龙率军攻打卑谬，卑谬城被攻陷。阿瓦军攻入王宫，年仅13岁的卫士额廷只身一人持刀死守在卑谬侯仰乃萨的身旁。

---

①第二阿瓦王朝是缅甸学者按政权的都城所在地进行朝代划分的一种方法，但学界更多地将这一时期归属于东吁王朝，并把这一时期称作“东吁良渊王中兴”。

②阿瑙白龙（Anaukpetlun），旧译阿那毕隆。

③良渊侯（Lord of Nyaungyan），幼名信迪萨，传为勃印囊的私生子，其异母兄南达勃因在位时，因率兵平定掸邦叛乱获封“明耶南达摩”勋号，食邑良渊，因此得名。

此时，额廷的舅舅巴亚加玛尼上前高声说道：“额廷真是少年英雄啊！可如今城池已破，还是降了吧。”额廷听后回答：“食人俸禄，尽忠职守罢了。”遂弃刀投降。

阿瑙白龙喜道：“朕攻下卑谬城，幸得文武各一人，文有诗人当披拉觉，武有勇士额廷。”

3. 攻取东吁

在取得卑谬城后，阿瓦阿瑙白龙王于缅历972年攻取了东吁，命投诚的东吁侯那信囊继续统治东吁。

4. 葡人额辛加和那信囊之死

东吁侯臣服阿瓦后不久，丁茵镇守葡萄牙人额辛加伙同莫塔马侯发兵攻打东吁。东吁城被攻破，东吁侯那信囊被丁茵军掠往丁茵。

阿瑙白龙王闻讯立刻发兵亲征，不久便攻克丁茵。役后，阿瓦王因误信东吁侯与额辛加的谗言，下令将东吁侯那信囊处死。历史记载，那信囊擅长诗文，所写词句优美，远近闻名。东吁侯那信囊死于缅历974年，东吁王侯的族系也至此传位至第三十六代而告终[①]。

因为犯下了亵渎和毁坏佛塔、凌辱和残害僧侣、囚禁缅族诸侯等数条罪状，丁茵侯额辛加被抓获，后被阿瓦王下令用铁钎处以极刑。此后，阿瓦王再下令将留在丁茵的剩余葡人及其家眷全部迁往上缅甸的瑞波、实皆等地。直至今日，在敏务、敏坡、羌乌等地[②]也都还生活着这些葡人的后裔，他们虽然与缅人穿着一样但却信仰着不同的宗教，被称为弗朗吉人[③]。

---

①此处东吁王系指食邑东吁的地方诸侯的代系。由于本书所说的第二阿瓦王朝建立者良渊侯明耶南达摩是东吁王朝汉礁瓦底王南达勃因的胞弟，因此在其他缅甸古代史书籍当中，多数仍把良渊侯父子建都阿瓦后的政权视作缅甸东吁王朝的继续。

②敏务、敏坡、羌乌现均是缅甸实皆省下辖城镇。

③弗朗吉人（Farangi或Farangee），16世纪以来东南亚各国对葡萄牙人等欧洲人的称谓。

5. 阿瑙白龙王之死

缅历 990 年，阿瑙白龙王移驾勃固河西岸的行宫临时居住。王子明耶岱巴与宫女宁坎波私好。宁坎波为景栋掸族土司之女，阿瓦王得知后，怒言要将王子明耶岱巴用油锅刑处死。其实阿瑙白龙王本来只是想吓唬一下王子明耶岱巴，但王子却信以为真，惊惶之下谋同歹人将阿瑙白龙王杀害。因为阿瑙白龙王死于勃固河西岸的行宫，后世称其为“逝于西岸的国王”①。

（二）达龙② 王（缅历 990—1010 年，公元 1628—1648 年在位）

达龙亲王是阿瑙白龙王的胞弟。王子明耶岱巴谋害阿瑙白龙王后，意欲在汉礁瓦底自立为王，却被赶来的达龙亲王擒获。达龙亲王下令处死了王子明耶岱巴，之后率部北上入主阿瓦城称王，即达龙王。阿瓦新王继位后，缅甸结束了东吁王朝中后期战乱频发、民不聊生的状况，缅甸的社会经济逐步得到恢复和发展，百姓得以休养生息。

1. 王室卷宗

值得一提的是，达龙王在位期间下令朝廷对全国的土地、人口、农产及税收开展了细致的普查。这些普查的结果被编撰成王室卷宗得以留存后世，成为缅甸重要的古代文献资料。

2. 岗牟陶佛塔和达龙王之死

缅历 998 年，实皆岗牟陶佛塔开始修建。缅历 1010 年，岗牟陶佛塔举行升宝伞仪式。达龙王向东吁占卜法师罗古达亚询问举行仪式的良辰吉日。法师却道：“此时辰为天机，将在太子继位之后，方可明说。”达龙王听后不悦，

---

①“阿瑙白龙”缅文意即为“逝于西岸的国王”。

②达龙（Thalun），旧译他隆。

遂下令将占卜法师逐往蒲甘。

达龙王继续询问婆罗门法师扎格育升伞仪式应在何日举行。婆罗门法师奏道："陛下即将在明晨一更[①]时分归天，已是来不及举行升伞了。"达龙王听后大怒。婆罗门法师再奏："此言灵验便作罢，如若所言不灵验，甘愿将妻儿以火刑受罚。"说罢，置放刻漏，计时为据。

达龙王说："今日已过三更，朕身体安然无恙。"婆罗门法师却道："时辰未到也。"与婆罗门法师所预言的一样，达龙王果然当天晚酉时忽染异疾，并在次日晨巳时不治离世。

（三）彬德莱[②]王（五层宝塔施主，缅历1010—1023年，公元1648—1661年在位）和卑明[③]王（缅历1023—1034年，公元1661—1672年在位）

达龙王去世后，其子彬德莱侯继任第二阿瓦王朝国王，即实皆五层宝塔施主彬德莱王。

1.饥荒

此时，缅甸国内粮食匮乏，各地不断有饥荒爆发，可宫廷里的大臣妃嫔们却借机私屯稻米于王宫西门集市以成倍的高价出售。这样的做法与当年南达勃因王在位期间王储明耶觉苏瓦的行为如出一辙，不但没有对身处饥荒的百姓表现出一丝怜悯，反倒以贪婪的做法为己牟利。更为糟糕的是，作为统治者的彬德莱王却未能阻止王宫中出现的这一劣行。

①缅甸古代王宫中把一天分作八更，昼夜各四更，每更时长约3小时，每到更点以击鼓为讯。传统的缅甸一更天约早晨9—12点。［见〔缅〕貌扎尼亚（吴妙芒）：《缅甸传统文化词典》，1969年，仰光，第411页］

②彬德莱（Pindale），旧译平达格力。

③卑明（Pyemin），旧译莽白，"卑明"缅文意为"自卑谬侯称王者"。

饥荒还蔓延到了军营，士兵们也都忍饥挨饿，缅甸众军士们的家眷也多流离失所，但自己却不能顾及。缅军将士怨声不断，于是前去向缅王彬德莱陈诉，未料缅王却无可奈何地说："实在是别无他法，朕也无米。"

2. 彬德莱王之弟卑明王

阿瓦的军士向缅王陈请未果，转而前往彬德莱王之弟卑明亲王处求告。卑明亲王听罢愤愤不平，带领一众军士入宫，围住了缅王、王后、王子和王孙 4 个人，准备兵变。卑明亲王谓缅王道："王兄，臣弟本无犯上之意，却奈何眼下情势危急，臣弟也要顾及众将士和百姓的意愿。"

王后见状，慌忙请求："我们把这王位让予王弟就是，请王弟莫要加害你王兄和家眷。我等愿意出家守戒，也请准许你那王侄、侄孙离开王宫，削发为僧。"卑明亲王道："以往未曾有过王室宗亲出家为僧，倘若果真受戒，想必将来还是要还俗的。"王后再度求饶，表示只要放过全家人性命，愿意任由处置。

卑明亲王念及亲情，答应了王后，为彬德莱王及其家眷专门安置了住所，遣人每日饭食供养。卑明随即重新自立作新王，这便是东吁卑明王。

不料未过多久，一些大臣向卑明王进谏："所谓天无二日，前王性命不可留。"卑明王一时不辨是非，听信了这群大臣的谗言，下令将兄嫂、侄子和侄孙 4 个人投江杀害。一路上，王嫂哭喊道："背信弃义之人！我嚼糜吐哺将你养育成人，你如今却来害了我全家。"据记载，卑明王自幼确实是王嫂抚养长大，王嫂待卑明王如亲生一般，最终全家却被卑明王杀害，不禁令人叹息。

卑明王登上王位后，立即禁止了那些高价屯售稻米的投机商的行为，全国的饥荒得到了一定缓解。

第二阿瓦王朝的外患却未结束，阿瑜陀耶泰人乘机进攻清迈[①]、土瓦和

①东吁王朝德彬瑞梯王在位时攻占了泰国北部的清迈地区，并将这一地区作为东吁王朝的属邦，清迈因此分离于阿瑜陀耶王朝的统治。

莫塔马，并联合丁茵、勃固等地诸侯起兵反叛东吁。凡是叛军所到之处，烧杀抢掠，民不聊生。此时第二阿瓦王朝的国力已每况愈下。

卑明王在位期间，大兴佛事，弘扬佛法，在位11年后去世。

（四）劫抵汉礁瓦底王[①]（缅历1095—1113年，公元1733—1751年在位）

1. 失阿瓦之王

在卑明王之后，再有那拉瓦拉、翁拜茵瓦[②]、色内、德宁格内等陆续继承阿瓦王位，最后传位至第三十任国王，即劫抵汉礁瓦底王嗣位。此王在位期间，阿瓦王城陷落，此王也成为缅甸第二阿瓦王朝的最后一任国王。

当时，由于缅甸国力贫弱，周边各国纷纷无视缅甸作为宗主国的地位，不仅阿瑜陀耶、清迈、掸、孟等对阿瓦的叛离之心日重，就连曼尼普尔之类本来臣服于缅王的弱小属邦，都曾于缅历1099年举兵进犯，甚至一度逼近阿瓦王城。各地的兵乱导致缅甸各处的许多塔寺、僧院受损。如今，在保存于实皆山上的岗牟陶佛塔的木质大门上，还能看到当年战乱时留下的很深的刀痕。

在当时，缅甸民间还流传着一个说法，即如果饮用了实皆的伊洛瓦底江江水便能消弭灾祸，祛除百病。而这成了曼尼普尔和其他的邦国侵犯阿瓦的借口。[③]

---

①劫抵汉礁瓦底王，本名作摩诃德玛亚扎底勃帝（Mahadammayaza Dipati），为缅甸东吁王朝的末代国王。

②其他文献中作“明耶觉廷王”，为那拉瓦拉王之弟，因该王继位后在阿瓦城东的湖边修建雁湖行宫而被称为翁拜茵王或翁拜茵伞王。在缅文中，“翁拜”意为“鸭”，“茵”意为“湖”，“伞”则是“国王居住”的意思。

③哈威在《缅甸史》中有记述：“曼尼普尔袭缅之一种原因，或以彼方奉印度教，传教者谓伊江一浴可得万福……”（见〔英〕哈威著、姚楠译注、陈炎校订：《缅甸史》，商务印书馆1957年版，第240页）

2. 孟人借势攻占阿瓦

在汉礁瓦底，一些孟人趁着阿瓦国力衰弱之际杀死了缅王分封的汉礁瓦底侯，拥护“桂王”达拉为新王。达拉是勃固以北德耶德彬村人，为掸克伦族。当地民众相信达拉是阿瓦缅王色内之弟、蒲甘侯之子，于是拥立其称王，并号“德门陶桂王”[①]。

德门陶桂王称王后不久，[②]听闻在阿瑜陀耶王国的边境拉瓦一带有斑象[③]便遣人前往索求，却不得。于是再遣孟族驯象师前往盗取，终于得到斑象。桂王获象后，再改其王号为“斑象之王”。

德门陶斑象王迷恋捕象，前往锡唐捕象狩猎却久久不归。汉礁瓦底众孟族大臣数次请求其回宫未果，遂率军前往锡唐，欲强行将德门陶斑象王接回汉礁瓦底。哪知斑象王一看这番阵势，只以为是大臣们要谋反而逃往清迈去了。

---

①即孟族王朝德门陶菩提吉象（Smim Htaw Buddhaketi），旧译作斯弥陶佛陀吉帝。

②中缅关系史上，曾有南明将领李定国等率部众护随明永历帝朱由榔（原桂王）入缅，后其余部及家眷聚落世居在缅北，史称为“桂家”；再有其一部流遗至下缅甸地区，称作“敏家”（“敏”或取“明”近音），敏家人再与当地克伦族、孟族混居。桂、敏两部均为南明遗民。哈威《缅甸史》中认为1740年协助孟族进攻阿瓦的桂克伦人（Gwe Karens）即为“敏家”，该部族在暹罗史料中被称作“新贵”（Sém Kwe），另称缅北曼德勒附近南明遗部为桂掸（Gwe Shans）。此处达拉的族属再被称作“掸克伦”，但其究竟是否与南明遗民有关，尚不可定论。哈威《缅甸史》中述“其时白古镇外之敏家，闻有主出现，前往辨视，则为其族中僧人之一，此僧系出阿瓦王室，为蒲甘叛侯之子，而在敏家长成者。经得楞诸首领承认，彼被立为白古之王，号称斯弥陶佛陀吉帝”，即认为斯弥陶出自敏家。综合各方佐证，达拉即斯弥陶，其人应带有其他少数民族血统，并很可能是南明遗民汉族血统，且其生活经历与孟族的关系十分密切。相关记述和论述可参见：〔英〕哈威著、姚楠译注、陈炎校订《缅甸史》第243、266页；〔缅〕波巴信著、陈炎译《缅甸史》第113页（商务印书馆1965年版）；贺圣达《缅甸史》第128、142页；宁超《“桂家”“敏家”与乾隆年间的中缅之战》（载1982年版云南省历史研究所编《东南亚资料》第一期）；王宏道《论缅甸历史著述中的“桂家”“桂掸”问题》（载1980年5月云南民族学院民族研究所油印版）。

③缅甸古代君王以获得白象作为王权神授的象征，进而斑象也被视作王权的吉兆。[见〔英〕哈威著、姚楠译注、陈炎校订《缅甸史》第243页述：“苍穹似亦许其登位，缘彼享有一象，虽非白象，亦可称为斑象矣。”]

汉礁瓦底不可一日无主，众孟族大臣无奈，先推举了一个名叫奈哥的还俗僧人临时为王，不久后又拥德门陶斑象王的岳丈、御象大臣彬尼亚德拉[①]为王。

缅历 1113 年，下缅甸地区的孟族举兵进攻阿瓦。在上缅甸，桂掸[②]势力也与南方的孟族商议同时攻打阿瓦，这使得阿瓦王城同时受到了来自南北两个方向的威胁，腹背受敌。

因四方战乱，缅甸的很多农民都被强征兵役，以致各地农田荒芜，无法耕种。而没上战场的少数农民也因战祸不敢耕作田地，缅甸全国因此陷入了饥荒。没有了粮草供给，困守阿瓦王城的士兵和百姓无力抵御敌军，没过多久，阿瓦王城就被敌人攻破了。

阿瓦王城陷落后，孟军大肆掳掠。孟人不仅俘走了阿瓦国王和朝廷一众大臣、妃嫔，还将宫廷里的各种器物和三藏佛经尽数劫走，全部运去了汉礁瓦底。

缅王摩诃德玛亚扎底勃帝被俘虏至汉礁瓦底，也因此被后世人称作“劫抵汉礁瓦底之王”。该王在被俘至汉礁瓦底后第三年，即缅历 1116 年，终因不得孟人信任，遭孟人投河杀害。

缅历 1113 年，阿瓦王城被孟人攻陷，缅王被俘，标志着第二阿瓦王朝的覆亡。[③]

由此，缅甸历史上的阿瓦王朝可分作 3 段。其一自缅历 726—916 年为第一阿瓦王朝，历时共 190 年；其二为缅历 916—959 年[④]的 43 年期间，阿瓦城由东吁朝廷分封郡侯管理；其三是缅历 959—1113 年[⑤]，这是阿瓦城再次作为

①彬尼亚德拉（Binnya Dala），旧译作哒喇、莽达拉、莽哒喇。

②关于桂掸的族属，学界说法尚不一，但认为桂掸并非掸族，而是南明遗民，即桂家，其首领即宫里雁。有关宫里雁，在中文史籍中也多有记述。

③即东吁王朝灭亡。

④缅历916年，勃印囊王攻克阿瓦城；缅历959年，良渊王重修阿瓦城并在阿瓦称王。

⑤即东吁王朝良渊时期。

王都的第二阿瓦王朝。另外一种更为简单的历史分期，则是把自缅历 726 年德多明帕耶王登位至缅历 1113 年劫抵汉礁瓦底王被俘为止，笼统地将其间所历经的 30 代国王共 387 年称为阿瓦王朝。

在接下来登上历史舞台的贡榜王朝里，仍然还有信漂辛王在位期间的缅历 1127—1145 年、巴基道王在位期间的缅历 1185—1200 年，共两次再将阿瓦城作为王朝的都城。因此也有把这两个时期再称作第三阿瓦王朝和第四阿瓦王朝的说法。但无论如何，真正意义上的阿瓦王朝确实已经在缅历 1113 年灭亡了。

十、贡榜王朝[①]

贡榜王朝历经 11 代国王共 133 年。

（一）阿朗帕耶[②]王（缅历 1114—1122 年，公元 1752—1760 年在位）

阿瓦王城陷落，孟人取得了对全缅甸的统治权。最终驱逐孟人并恢复缅人王权的缅族领袖是生于瑞波[③]的雍籍牙，即此后的阿朗帕耶王。雍籍牙带有王族的血统，溯其祖上原是第一阿瓦王朝孟养德多王和卑松底哈都王。

1. 抗击孟人

雍籍牙不甘受孟人和桂掸人的统治，率本部巩固在瑞波的防守，并在身边聚集了 68 名勇士。雍籍牙逐渐在周边一带的缅族人中树立起了威望，各地豪勇纷纷前来瑞波投奔。在很短的时间里，雍籍牙壮大了自己的力量，也为日后成就大业积蓄了条件。

孟王于是遣使到雍籍牙处，表明愿意与其修好；与此同时，曼德亚桂

①贡榜王朝，存续于缅历1114—1247年间，即公元1752—1885年间。

②阿朗帕耶（Alaung-Paya），又号称阿朗敏德亚（Alaung-Min-Taya），缅文意为“未来将成为一国之君的人”，原名雍籍牙，贡榜王朝因此也被称为雍籍牙王朝。

③瑞波，旧译瑞帽，原名木疏村，缅文意为“猎人之村”，后雍籍牙将其改名作瑞波，又名贡榜、延基昂、亚德那登伽。瑞波是缅甸历史文化名城，现位于缅甸中部实皆省。

အာသံ 阿萨姆
မဏိပူရ 曼尼普尔
ကချာ 察查
စစ်တကောင်း 吉大港
တရုတ်ပြည် 中国
မိုးကောင်း 孟拱
မိုးညှင်း 孟养
ကိုးရှမ်းပြည် 掸人九邦
ရွှေဘို 瑞波
စစ်ကိုင်း 实皆
မန္တလေး 曼德勒
အမရပူရ 阿摩罗补罗
အင်းဝ 茵瓦/阿瓦
ပုဂံ 蒲甘
ရှမ်းပြည် 掸族地区
မြောက်ဦး 妙乌
ပြည် 卑谬
တောင်ငူ 东吁
သံတွဲ 丹兑
ဟင်္သာတ 兴实达
ရန်ကုန် 仰光

ပုသိမ် 勃生
ယိုးဒယား 阿瑜陀耶
ဘန်ကောက် 曼谷
သန်လျင် 丁茵/沙廉
အယုဒ္ဓယ 阿瑜陀耶城
မြိတ် 丹老/吉墨
လင်းဇင်း 林城
ထားဝယ် 土瓦
တနင်္သာရီ 德林达依

ကုန်းဘောင်ဆက်(ဆင်ဖြူရှင်လက်ထက်)မြန်မာနိုင်ငံတော် 信漂辛王在位时期缅甸贡榜王朝疆域
အင်္ဂလိပ်မြန်မာပထမစစ်ဖြစ်ချိန်၌ လက်လွှတ်ပြီးသော နယ် 第一次英缅战争爆发时贡榜王朝放弃的疆域
အင်္ဂလိပ်မြန်မာပထမစစ်ပွဲအပြီး၌ မြန်မာတို့ကပေးရသောနယ် 第一次英缅战争结束时贡榜王朝割让的疆域
ဒုတိယစစ်ပွဲအပြီး၌ မြန်မာတို့က ပေးရသောနယ် 第二次英缅战争结束时贡榜王朝割让的疆域
တတိယစစ်ပွဲအပြီး၌ မြန်မာတို့က ပေးရသောနယ် 第三次英缅战争结束时贡榜王朝割让的疆域
ယခုနယ်နိမိတ် 现今（缅甸）国境线

图 18 贡榜王朝疆域

掸[1]也向雍籍牙派遣使臣，同样表明希望与瑞波结盟。雍籍牙都予以拒绝，并对众将士说：“只有我们战胜了所有的敌人，赢得最终的胜利后，自己和自己结盟才是最可靠的。”雍籍牙又命令一队精悍的士兵在沿途截击孟军，大获全胜。随后，孟军虽然又多次进攻瑞波，但均被雍籍牙军击退，瑞波始终未被攻破。

另一方面，曼德亚桂掸族在首领宫里雁的率领下攻打瑞波，被雍籍牙率军击溃。宫里雁遂败走中国。[2]

2. 钦乌侯勒加班齐

投附孟族的缅族将领钦乌侯勒加班齐，又名额齐纽，武艺高强，勇猛过人。勒加班齐对骑象术、骑马术和刀术、矛术、盾术、弓箭术乃至火枪术等技艺样样精通，其中刀术、矛术和火枪术更是无人能敌。战场之上，不用说与敌单骑对阵均可胜出，就算是在百千敌军当中，勒加班齐也能来去自如。

这样能力出众的缅族将领却在为孟族效力，阿朗帕耶王对此十分惋惜，意欲招降，于是遣使给勒加班齐送去亲笔书信：

阿朗帕耶王诏告钦乌侯勒加班齐：当世缅王得佛法护持，威德广布，天下百姓拥戴。汝虽为勇猛之士，武艺超群，然不可与缅王为敌。汝原是缅人，本不应为得楞人效力。汝若早日归顺，缅王将许以殿前大将。倘若不从，待来日败在缅军阵前时，辱没一世英名。

勒加班齐早前曾与阿朗帕耶交恶，对缅王并不信任，于是答复缅王，表明只效命于孟人，不会听命于缅人。

---

①曼德亚，地名，位于曼德勒郊。因当时桂掸族的势力聚集在该地，所以被称为曼德亚桂掸。

②有关宫里雁与雍籍牙之争，《清史稿·列传三百一十五·属国三·缅甸》中有述：“贵家者，随永明入缅之官族也，其子孙自相署曰‘贵家’，据波龙厂采银。其酋宫里雁不附于雍籍牙，约木邦酋攻之。兵败，逃入孟连，而孟连土司刀派春夺其孥贿，为宫酋妻囊占所袭杀。云贵总督吴达善诱宫里雁至，则坐以扰边罪，肆诸市。”［见余定邦、黄重言编：《中国古籍中有关缅甸资料汇编》（中册），中华书局2002年版，第438页］

阿朗帕耶王劝降未果，只得命各路军队进攻，并下令擒拿勒加班齐。勒加班齐也率本部全力抵御，不仅击退了缅军的多次攻击，还曾一度反击缅军，劫走了缅军的许多牛马。

一次，勒加班齐率军与缅军对阵。勒加班齐大声喝道："都说缅军中多猛将，你等可敢单骑来与我交战。待厮杀时，且命你我各自军中火枪手不得击发。"缅军众将表示同意，先推选明觉彬尼亚勋号将领额妙通出战。勒加班齐却说："额妙通不配与我交战，莫污了我的矛戟。"众缅将再推明拉瑞当勋号将领额通出阵，不料勒加班齐再说："我扬名四海时，额通小儿尚在陶坊戏泥，也不配与我交战。"缅军随后再选派其他将领依次出阵，勒加班齐均不屑与之为对手。

勒加班齐最后大喝："你军中火枪将军[1]额刚何在？"等缅军火枪将军出阵时，勒加班齐方才说："此乃好汉也！可以一战。"说罢，扬鞭策马在阵前来回飞奔，同时在马背上做出了单腿立、仰卧等各种尽显骑术的姿势。这时，缅军火枪将军在远处掷出投枪刺勒加班齐，但均被勒加班齐躲过。勒加班齐在展示完骑术之后，回击掷出一支投枪，正中火枪将军的坐骑。缅军阵中顿时慌乱，火枪手们生怕伤了自己主官的性命，哗哗一片举起枪铳瞄向勒加班齐。勒加班齐见状一边呵斥"尔等言而无信"，一边回马退回了本阵中。

再一次，勒加班齐见到缅王阿朗帕耶在缅军阵中，竟单骑直奔缅王，欲取其性命，慌得缅军枪铳手急忙一阵乱射，其他缅军士卒吓得纷纷后退，无人敢阻拦。勒加班齐纵马冲至缅王近前，举枪便刺，缅王却也不惧，举刀迎战。缅王斥声道："勒加班齐休要逞凶，本王乃未来佛转世之身，得佛法护持，有胆量来与本王一决胜负。"二人遂激战在一处。勒加班齐虽勇，兵器却始终不能近缅王身，于是败下阵去。

勒加班齐如此数次与缅军交战，终因寡不敌众，败退至孟王之弟乌勃亚

---

①古代缅军中负责统领火枪手的武将，通常选择军中最勇猛的武士担任。

扎军中。后来被孟人德拉班参劾，责其兵败失职，勒加班齐因此被问斩。

3. 攻取其他重要的城镇

◎ 阿瓦

勒加班齐死后，阿朗帕耶王继续平定了缅北桂掸族的势力。缅历1115年，阿朗帕耶王正式将瑞波城更名作亚德那登伽[①]贡榜瑞波城。随后又重新从孟人手中夺回了阿瓦城。[②]

◎ 卑谬

缅历1116年，雍籍牙攻取卑谬城。在攻打城池时，雍籍牙想出一计，他命令士兵用藤条编制厚3缅尺、宽4庹至5庹[③]的筐，里面用秸秆填实，用以当作护盾，置于攻城士兵的前方向孟军阵地推进。这种巨大的护盾既能够抵挡孟军火铳的射击，同时又能让缅军士兵抵近阵前杀敌。对于那些据守的孟军，缅军又想出了火攻的计策，即将火药混合辣椒面后在距离孟军9—10庹远的上风口位置点燃。孟军士兵不堪火烧烟熏，弃阵败逃。

缅军一部占领卑谬后，便等待阿朗帕耶王所率的军队前来汇合。此时缅军却遭到了孟军的反攻。坚守卑谬的缅将军阿尕瑞当以勇猛闻名，他率缅军出城迎战孟军。激战中，孟军炮弹落在阿尕瑞当的坐骑前，阿尕瑞当跌落马下被孟军抓获。相传阿尕瑞当被俘后，孟人欲将其处死，但无论使用各种兵器，用尽各种方法，阿尕瑞当仍安然无恙，最后孟人只能将阿尕瑞当活埋。

◎ 缅昂[④]

缅军攻克卑谬以后，在当年继续占领了缅昂。缅昂镇原名隆策，因为缅

---

①“亚德那登伽”缅文意为珍宝汇聚之境。

②雍籍牙于公元1753年攻取阿瓦城。

③缅尺、庹均为缅制长度单位，换算作公制1缅尺约合0.45米、1庹约合1.8米。按此处描述，这些藤筐的大小约为厚1.4米、宽7米或9米。

④缅昂，又译苗旺，缅地名，位于现缅甸南部伊洛瓦底省。

军以出乎意料的速度占领了该地，所以把该镇的地名改为了缅昂，其缅语意思是“迅速取得的胜利”。

◎ **仰光**[①]

缅历 1117 年，缅王阿朗帕耶的军队攻克了德贡城。取胜后，缅王下令在旧城德贡的基础上再修建新城，并下令将新城更名为仰光。“仰光”在缅甸语中的意思是“此地再无敌人”。

◎ **丁茵**

缅历 1118 年，阿朗帕耶王决心攻打丁茵。缅军选出 93 名勇士作为先锋，在攻城之前安排他们饱食酒饭，并犒赏金银。此外，还为攻城的士兵每人装备了一种带尖刃的盾牌，这种盾牌上面刷过特殊的树胶，十分坚硬，在攻城时可以抵挡敌人从城墙上投下的铁钩、桐油、石块甚至檑木。

丁茵城因为被缅军围困，城中孟军缺乏粮草，防守疲惫。缅军趁机选择一夜由 93 名攻城先锋翻越城墙，攻入城中，缅军遂取丁茵城。此役缅军 93 名攻城先锋中仅战殁 8 人，缅王对所剩 85 人大加封赏，在殿前堆满金银任由其捧取，并对负伤者好生安置，余生免除征役。

4. 攻克勃固

缅军在围困丁茵城之时，同时发兵攻打勃固城。缅军先遣人在勃固城城门上张贴了一篇檄文。这篇檄文由学识渊博的大臣莱维敦达亚撰写，主要内容用缅文写成，其大意是告知孟人缅王阿朗帕耶之子已亲率大军前来讨伐勃固。这篇檄文的特别之处是在文末用巴利文写下了4句偈语，若把每句的首字连在一起后，正是勃固的名称“汉礁瓦底”。[②]这4句巴利语的大意是：汉礁瓦底邦的得楞人窃取了天下财物，这些得楞人的品德已经丧失，因此汉礁瓦底在历三劫后，终被毁灭。得楞邦之王与盗贼之首无异，也终将被诛杀。

被缅军围困一段时日后，勃固城内孟人坚守不住，于是孟王遣派僧人

①仰光，旧称也作大光，即德贡。现今仰光市仍保留有德贡区。

②这4句巴利语偈语的形式，类似中文的藏头诗。

出城请降。阿朗帕耶王随即同意，并赐予孟王两株黄毛石豆兰，托僧人带回。孟王得花后领悟缅王之意，将一株兰花供奉佛祖，另一株让汉礁瓦底公主佩戴，再将公主献予缅王阿朗帕耶。

5. 孟人王朝的终结

孟王主动向缅王请降并献出公主的做法，遭到了孟族王室一些王子、孟族将军们的不满，纷纷表示不信任缅王，于是发动了宫变，将孟王废黜，继而重新向缅王宣战。缅王再次下令攻城。勃固城终在缅历 1119 年被攻陷，孟族王室被缅军俘虏，汉礁瓦底勃固城也在战争中被大火焚毁。

汉礁瓦底勃固城曾在勃印囊王之子南达勃因王在位时被若开军队攻占并焚毁，如今历史重演，勃固城再遭大火，而孟族所建立之王朝也随着这场大火而湮没，宣告终结。

6. 与英人的接触

缅王阿朗帕耶分别于缅历 1117 年、1118 年和 1119 年依次攻克了德贡、丁茵和勃固。在这期间，缅王也接见了前来下缅甸地区从事贸易的英、法商人。

当时，缅王准许英人在仰光、勃生等地建立商市，经营货物，同时还批准了英人在恒枝岛（尼格莱斯岛）上建造军事要塞。[①]不过，缅王在后来听闻了一些关于下缅甸英人的消息，称英人参与了当地孟人的叛乱，给这些孟人提供了武器和火药，因而缅王开始对英人产生了不信任。于是，缅王下令军队攻击在恒枝岛上的英人的要塞，并取缔了当地英人的商市。这个事件造成了 8 名英人和约百名印度人死亡。[②]

事件之后，在英人的再次请求之下，缅王又重新同意了英人在恒枝岛和

①雍籍牙1757年攻克勃固时，与英国东印度公司签订了割让恒枝岛和向英方开放部分下缅甸城市进行商贸的协约，但事实上英人早于1753年就军事占领了恒枝岛。（见〔英〕哈威著、姚楠译注、陈炎校订：《缅甸史》，商务印书馆1957年版，第284、273—274页）

②此次事件历史上称作“尼格莱斯岛事件”。

勃生的贸易特权，允许英人在当地重新开设商市。

7. 占领曼尼普尔

在攻占勃固城后，阿朗帕耶王率军返回瑞波。缅历 1120 年，阿朗帕耶王发兵曼尼普尔，征服了该地区并将其纳入缅甸的属邦。

8. 征暹罗阿朗帕耶王辞世

缅历 1121 年，泰人进犯土瓦，阿朗帕耶王率军再征阿瑜陀耶。

图 19　为纪念阿朗帕耶出生之地而修建的瑞伽多佛塔（左）和阿朗帕耶王墓葬地凉阁（右）。均位于瑞波

缅军久攻阿瑜陀耶都城未果，军中便开始有疫病传播，士兵多有死伤。

一段时间后，就连阿朗帕耶王本人也感到身体不适，于是缅军开始撤退。当大军退至莫塔马金雅村时，缅王阿朗帕耶雍籍牙罹患重病亡故。① 为了不乱军心，缅王去世的消息并没有对外宣布，仅有为数不多的近臣和将领知悉。一直到了大军撤退至仰光，当缅王的灵柩被抬上御舫时，众人方才得知缅王已辞世。

阿朗帕耶王的棺椁由水路运抵瑞波后举行了隆重的下葬仪式，并修建了王家陵墓，以供世人瞻拜。

回顾整个古代缅甸，拥有重要历史功绩的君王仅数阿奴律陀、勃印囊和阿朗帕耶3人。最后一位阿朗帕耶王不仅文韬武略，而且是虔诚的佛教信徒，尤其值得称颂的是阿朗帕耶王在缅甸危急的时刻挽救了国家，②是一位伟大的国王。

（二）信漂辛③王（缅历1125—1138年，公元1763—1776年在位）

阿朗帕耶王逝世后，其长子囊道基④继位，仅在位3年，后其次子信漂辛继位。

1. 自瑞波迁都阿瓦

信漂辛王继承王位两年后，即缅历1127年，下令将王都自瑞波迁至阿瓦。这是阿瓦第三次被确定为王国都城。

信漂辛王迁都阿瓦后不久便率军再征清迈和曼尼普尔，战胜归来。

①有记载阿朗帕耶雍籍牙所患疾病为痢疾。

②这里所指为雍籍牙光复阿瓦、征伐孟人的功绩。

③信漂辛（Hsinbyushin），旧译孟驳。与前文阿瓦王朝信漂辛即白象之主德勒帕耶王名号相同。

④囊道基（Naungdawgyi），旧译莽纪觉、孟辂，公元1760—1763年在位。

2. 征阿瑜陀耶

阿朗帕耶王在位时征阿瑜陀耶并未获胜。信漂辛王继位后，下令再征暹罗，终取得胜利。

缅历 1125 年，信漂辛王首次下令发兵征暹罗，未取胜。缅历 1127 年，信漂辛王再次下令征暹罗。此次出征，缅军士气高涨，在不到两年的时间里，缅军包围了暹罗王城阿瑜陀耶，还在城外扎寨囤田，准备以此躲过雨季，长期围攻阿瑜陀耶。

最终，缅军采用了挖掘地道的战术，先把地道掘至阿瑜陀耶城的城墙下，再塞入火药硝石后燃爆，城墙遂坍塌，缅军蜂拥而入，一举占领了阿瑜陀耶城。暹罗国王①也在此役中身亡。暹罗都城阿瑜陀耶也在战火中被毁。

就像阿朗帕耶王攻克了孟族王都之后勃固城就此衰废一样，信漂辛王一举攻克了阿瑜陀耶城，这座暹罗国都也因此损毁后被遗弃。后来，泰人重新在曼谷建立了都城。

如同缅历 925 年缅王勃印囊攻克阿瑜陀耶后那样，如今信漂辛王在获胜后也把大批的俘虏和战利品尽数掠回了缅甸，其中包括泰人王宫中雕刻精美的工艺品以及各类能工巧匠、歌舞艺人。这是缅甸历史上在与暹罗的战争中取得的第二次全胜。

3. 与中国清廷的战争

信漂辛王在位时，与清廷发生了 4 次战争。

早在阿朗帕耶王时期，被缅王驱逐的桂掸族首领宫里雁兵败后便逃往了中国边境。此后，宫里雁及其余部与边境一带的土酋时常发生武装冲突，由此侵扰到了清廷边民，而清廷却认为这是缅甸国王及其军队所为。信漂辛王继位后，缅王又再要求中缅边境一带的土酋向阿瓦纳贡，但这种做法遭到了清廷的反对。

---

①此处指泰国阿瑜陀耶王朝末代国王波隆摩罗阇五世（Borommaracha V，公元1758—1767年在位）。

最终导致两国兵戎相见的起因有 3 起事件。[①]

其一，有华商携货抵达八莫老官屯，意欲在太平江上架设便桥，以通商路。该华商为此事报请缅方后，缅地方官吏恐便桥一旦架设后将会被用于军事，士兵就可以借助桥梁迅速进入缅甸，因此不敢应允，便回告华商须禀奏缅王后方能答复。华商却认为这是缅方在推诿，于是再以中国朝廷官员的口吻要求缅方同意建桥。为了确认华商身份，缅地方官吏将华商解往都城阿瓦。缅朝廷对华商一番询查后，并未发现可疑之处，于是将其释放回老官屯，并同意其适当选址建桥。但是，华商却没有开始建造事宜，而是以自己的货物丢失为由质询缅地方官吏。缅吏反诘道，货物本为华商人员看管，与缅方并无干系。华商因此愤愤不满，回国后向清廷状诉缅方。

其二，在老官屯华商事件之后，仍有华商在景栋经营贸易，发生了由讨还债务引起的双方人员间的斗殴，致使华商方身亡 1 人，于是众华商要求缅方交出凶手。缅方官吏审查后认为，事件发生在缅方一侧境内，应由缅方主导解决，或赔偿抚恤金，或由凶手偿命，但须按缅方律法和程序提出讼告。但是华商坚持要人，缅方则始终不允。最后华商将此案诉呈给了清廷。

其三，在上述两个事件未发生之前，就曾有八莫、兴威[②]和景栋等地的土司向清廷贡献金银，请求清政府出兵缅甸。

在随后发生的清缅战争中，缅甸军队虽然刚刚出征完暹罗，兵马疲惫，却士气高昂。尽管清廷军队在人数上占据上风，但最终却是缅甸军队取得了胜利。

缅历 1127—1131 年间发生的与中国清廷的战争持续了 4 年有余，其间共经历了 4 次大的战事，双方战争最后以清廷承认失败告终。[③]

---

①发生在清乾隆年间的清缅战争，主要是缅甸新兴的贡榜王朝向缅北少数民族土司控制的地区扩张，进而打破了这些地区在中缅两国之间原有的藩属关系的平衡，侵扰到了中缅边境所致。此处所列3起事件只为微小个案，仅见缅文所述，并未见于中文史料。

②兴威，地名，又译作登尼，位于现腊戌东北约50千米处。

③清缅战争最终以交战双方将领在阵前议和停战而结束，但所达成临时协约文本并未保存，两国对战争结果也各有不同表述。

当时，清军遣来信使请求议和停战，缅军统领摩诃底哈都罗权衡了接下来战场的态势后，同意了清廷方面议和的请求。信漂辛王对于前方将领议和停战一事十分不满，不接受摩诃底哈都罗呈来的清廷为了议和所赠送的礼品。不但如此，信漂辛王还传令让摩诃底哈都罗和他手下武将携妻眷将这些礼品顶在头上，站立在烈日之下 3 日，以作责罚。摩诃底哈都罗听闻消息后十分惧怕，没敢直接返回都城阿瓦，转而率领军队攻占了曼尼普尔的格德城[①]之后才率军返还，希望能够以此将功赎罪。但是信漂辛王仍然怒气未消，将摩诃底哈都罗贬逐至密埃河东岸的农田里，责罚其劳役 1 个月后此事才告作罢。

4. 勇猛的缅军将士

在与清廷的战争中，缅甸军队里的许多将军十分骁勇善战，以致在两军停战后，清廷的将领专门提出要面见在老官屯防守战役中表现勇猛的缅方将领。

缅军于是让勃拉敏廷和松腊基两名将军与清军将领见面。[②]双方将领相见后，清军将领大为称赞道："尔等士卒虽少，却能抵御我方数倍兵力围攻，真乃将雄兵勇，可谓神将下世而非凡人也！"紧接着，缅军再传令将军明耶底哈都来到清军将领面前，此人曾率缅军成功袭击了清军的补给。在清军将领的请求下，明耶底哈都卸去甲胄，穿着缅式筒裙，并将筒裙底边从胯下提起掖在腰间，[③]显露出精壮的体格，清军将领不禁上前抚触其紧实的肌肉，直赞道："这身躯真如钢筋铁骨一般！"此时，明耶底哈都又将其佩刀从刀鞘中拔出示人，只见刀刃锋利，寒气逼人。清军将领试刀后道："此宝刀也，沙场之上，可斩断战象脖颈。"明耶底哈都再展现其无畏之勇气，伸出手臂，

①格德，缅文音译，该地即现印度曼尼普尔邦首府因帕尔（Imphal）。［见〔缅〕丹通编撰：《缅甸历史地图集》，缅甸教育部历史委员会，2005年，第97页］

②此段情节在中文史料中未见记载。

③为了劳作和行动便利，缅甸男子常按此传统方式束扎筒裙，缅文称"格当结"。

欲举刀断之。清军将领连忙制止道："将军之勇，有如天神降世！"

在结束与清廷的战争之后，信漂辛王南下仰光，将仰光大金塔重新修葺一新，并为整座塔身贴上金箔，虔诚供奉。尔后，信漂辛王起驾返回阿瓦，于缅历 1138 年辞世。

（三）波道帕耶①王（缅历 1143—1181 年，公元 1781②—1819 年在位）

1. 辛古③王

信漂辛王死后，其子辛古继位。辛古王于缅历 1138—1143 年在位。但是这位新国王对朝政之事并不关心，整日在宫中只知与内臣妃嫔饮酒玩乐，或者外出巡游垂钓，或者沉迷斗鸡斗狗，闲暇时则前往塔寺供奉香火。

2. 七日之王

一日，辛古王携妃嫔们离宫前往上缅甸的梯诃陶佛塔朝拜，前王囊道基之子榜加侯貌貌④乘机假冒辛古王进宫篡夺了王位。不过这位貌貌王在王位上仅仅坐了 7 日便再被阿朗帕耶第四子波道吴瓦⑤废黜。波道吴瓦借机登上王位，这便是贡榜王朝波道帕耶王。波道帕耶王立刻下令抓捕了还在宫外的辛古王，将其与貌貌王一并处死。由于新国王忌怕日后再有人反叛，二王的家眷也一起遭到了连诛。

缅历 1143 年，波道帕耶王刚刚成为贡榜王朝的新国王，次年国内就出现了叛乱。叛乱的首领来自掸邦孟开镇，名叫额蓬，又名额勋，此人讹称自己

①波道帕耶（Bodawpaya），旧译作孟云。

②波道帕耶王的继位年份参考《贡榜王朝史》（第一卷，吴貌貌丁编著，缅甸高校历史协会第5次修订，贝雅书局2004年版，第381页）为公元1782年，这里按原书译出。

③辛古（Singu），旧译作赘角牙。

④榜加侯貌貌（Maungmaung），旧译作孟鲁，在位仅7日。

⑤阿朗帕耶王有很多子嗣，波道吴瓦为其当时仍健在的第四子。

是东吁王朝末代国王，即劫抵汉礁瓦底王之子，以此蛊惑地方百姓。额蓬在一天夜晚率人冲入王宫，欲夺王位，被禁军镇压，额蓬及其同党被抓获处死。经历了这次变故后，波道帕耶王在缅历 1144 年下令在阿摩罗补罗重新修建王宫。缅历 1145 年，波道帕耶王下令自阿瓦迁都阿摩罗补罗。

3. 户籍统计

东吁王朝达龙王在位时，曾对缅甸全国的城镇、户籍等情况进行过调查，并留下了宫廷卷宗。缅历 1145 年和缅历 1146 年，贡榜王朝波道帕耶王两次下令对全国的户籍进行核查统计，并在此基础上重新核对增补了前朝的宫廷卷宗。

4. 征服若开

缅历 1146 年，波道帕耶王把朝政交予储君处理，自己率大军亲征若开，大获全胜，一举将若开纳入缅甸版图。

当时，若开王国的都城为妙乌，是一座具有悠久历史的古城。经过此次战争后，包括若开王国国王沙马达[①] 在内，连同若开王室成员、王公大臣以及王宫中的许多艺人、工匠和学士也都一起被俘。东吁王朝南达勃因王时期，曾被若开国王从勃固掠走的大炮和 30 余尊铜制雕像也被重新夺回。这些铜制雕像至今还有部分保存在曼德勒。另外，著名的摩诃牟尼佛像也被一起带回缅甸。

正如孟族王朝被缅王阿朗帕耶所终结那样，波道帕耶王在位期间也征服了若开，若开王朝从此消亡。

缅历 1147 年，缅军又一次出兵暹罗，但战事上接连失败，最终无功而返。

清迈地区则在这一时期脱离了缅甸王朝的统治。不过，曼尼普尔和阿萨姆地区则仍然臣服于缅甸贡榜王朝。

---

①沙马达（Thammada），旧译作他摩陀，若开妙乌王朝（又称末罗汉王朝）末代国王，公元1777—1782年在位。

5. 波道帕耶的功绩

贡榜王朝波道帕耶王在位期间，缅甸的国力得到了全面恢复。在国王的大力倡导下，佛教在缅甸得到了进一步弘扬。

波道帕耶王有如下功绩。

其一，修建敏贡佛塔。这座位于曼德勒以北的佛塔规模十分宏大，以至于该塔的建造工程最终未能完成。

波道帕耶王还下令铸造了著名的敏贡大钟。这口大钟至今还安放在敏贡佛塔的一侧。敏贡大钟重 55555 缅斤（约合 80 吨）、直径 12 缅尺、通高 14 缅尺，[①] 其尺寸为世界第二大。据说世界第一大钟属于俄罗斯，重 200 吨。但是俄罗斯大钟在战争中被毁，钟体也被重新熔铸作武器去了，因此缅甸的敏贡大钟可以称得上是世界第一了。

图 20　波道帕耶王下令修建的敏贡佛塔和下令铸造的敏贡大钟

其二，统一僧服。大约从阿瓦城被孟人攻陷之后开始，缅甸的僧人们在出入村市时穿着袈裟的方法不尽相同。一部分僧人认为身着袈裟应披覆双肩，

①12缅尺约合6米，14缅尺约合7米。

另一部分僧人则认为穿着袈裟时可以袒露右臂，由此在僧人当中形成了“被覆派”和“偏袒派”。这样的争论使得缅甸佛教内部出现了严重的分歧。最终，由波道帕耶王亲自裁定，“被覆派”是正确的穿着方式。

其三，保护碑铭。为了不让记载有缅甸悠久历史的石碑铭文受到毁坏，波道帕耶王下令在全国寻找有关缅甸的古代碑铭，并把它们运送到都城集中保存。时至今日，这些在当时收集的碑铭仍保存在阿摩罗补罗的塔寺遗迹里和曼德勒的摩诃牟尼大佛寺中。

其四，统计户籍。缅历 1145 年和缅历 1146 年，波道帕耶王下令对全国的户籍进行统计，并令专人依此编撰宫廷卷宗。

其五，兴修水利。在波道帕耶王的主持下，贡榜王朝对昂彬莱湖、南达湖、密铁拉湖等湖泊进行了治理，修建了堤坝和灌溉水渠，很好地促进了农业的发展。

其六，遣使译经。波道帕耶王遣派学士西行前往中天竺，取得了印度的佛教和文学典籍，再令人将其翻译成缅文，这使得缅甸本国的宗教和文学从中受益。

其七，繁荣文学。在波道帕耶王在位期间，涌现出了一大批文学家和优秀作品。譬如列维通达拉创作的雅都诗《美娑山麓》、[①] 大法师吴奥巴达编译的《十大佛本生故事》、[②] 吴都创作的雅甘诗《罗摩》，[③] 以及宫廷诗人、内廷大臣吴包吴等。

①列维通达拉，原名吴妙山，缅甸贡榜时期著名的世俗文学家。雅都诗是缅甸彬牙时期出现的以记述和赞颂有关季节、典仪等内容的诗歌体裁。《美娑山麓》描写了作者的故乡的美丽风景。

②吴奥巴达，又称敏巫大法师，缅甸贡榜时期著名僧人文学家。缅甸重要的古代文学作品《十大佛本生故事》中的八部是由吴奥巴达翻译成缅文并再创作的。

③吴都，缅甸贡榜时期著名的宫廷文学家。《罗摩衍那》是印度两大史诗之一，古代在东南亚各国广为传播演绎，是为文学经典，而在泰国宫廷中的表演尤盛。贡榜王朝信漂辛王征讨阿瑜陀耶时，带回了泰国王宫里的《罗摩》剧本和演奏曲调，吴都则在此基础上以缅文创作了雅甘诗《罗摩》。雅甘诗是缅甸贡榜时期兴盛的一种诗歌体裁，“雅甘”一词源于梵文，意为“谐趣诗”。

其八，弘扬佛法。波道帕耶王遣派高僧前往各地弘法，光大佛教。同时，缅王还下令严格佛教戒律，禁止僧人吸食鸦片、饮用包括醪糟在内的所有酒类，禁止僧人食用鱼肉荤腥。

波道帕耶王布施仁政，在位长达38年，于缅历1181年去世。

（四）巴基道[①]王（缅历1181—1199年，公元1819—1837年在位）

由于波道帕耶王钦命的储君意外身亡，再由储君之子即波道帕耶之孙实皆侯登上王位，成为贡榜王朝的新国王，号巴基道王。

缅历1183年，巴基道王下令重修阿瓦王城，于缅历1185年再将王都从阿摩罗补罗迁回阿瓦城。于是阿瓦城在缅甸古代历史上第四次也是最后一次成为国家的都城。

1. 与英国的战事

事实上，从贡榜王朝的巴道基王在位开始，缅甸开始逐渐沦为英国的殖民地。这其中的原因是在了解缅甸古代历史时需要留意的。

第一次缅英战争爆发的起因，大致有以下几个。

其一，英国为了寻求自身利益，在亚洲国家设立商业机构，英国人进而占领了孟加拉的吉大港。波道帕耶王在位时率军征服若开，贡榜王朝的势力逼近了吉大港。在划定吉大港与缅甸若开之间的边界时，缅英两国之间出现了争议。

其二，巴基道王继位后，曼尼普尔王玛吉[②]企图脱离贡榜王朝的藩属地位，缅王于是派遣班都拉将军率兵前往曼尼普尔弹压。玛吉王惧怕贡榜王

①巴基道（Bagyidaw），旧译作孟既。

②〔英〕哈威著、姚楠译注、陈炎校订的《缅甸史》中依英文译作马其新，此处按缅文音译作玛吉。

朝的军事实力，闻讯后丢弃了王位，逃往察查[①]地区，缅军则循迹追赶。因为察查是由英国人所占据，缅军的行动也引起了与英国人的冲突。

其三，阿萨姆王旃陀罗健也想依附英国人，从而摆脱贡榜王朝属国的地位，巴基道王即遣将军班都拉前往捉拿旃陀罗健，阿萨姆王于是也逃往察查，寻求英国人的庇护。缅英双方因此再出现龃龉。

其四，在上述事件发生期间，英国人还宣称对若开的信玛漂岛[②]拥有主权，并从吉大港派遣士兵登岛驻守，在岛上插上了英国国旗。贡榜王朝对此向英方提出了抗议，这导致了两国关系进一步恶化。

在缅英发生了种种摩擦之后，缅历 1185 年末爆发了第一次缅英战争。

2. 班都拉将军

缅历 1185 年第一次缅英战争爆发后，缅军将领班都拉一举攻下英属孟加拉南部城市古陀波林[③]。缅军正准备乘胜进击时，英军舰船沿海岸南下攻打并占领了仰光。缅王恐英军以仰光作为基地继续北上攻打王都，急忙调令班都拉率领缅军自孟加拉返回驰援仰光。班都拉率军赶回，与英军激战，英军以炮台固守仰光的瑞德贡高地。

①〔英〕哈威著、姚楠译注、陈炎校订的《缅甸史》和〔缅〕波巴信著、陈炎译的《缅甸史》中译作克车，〔缅〕纳茂蓬觉著，赵德芳、李秉年译的《英缅战争史》中译作卡恰尔，此处按印度阿萨姆邦现用地名译作察查（Cachar）。

②信玛漂岛，位于若开邦北部，靠近孟加拉国吉大港。

③古陀波林，查《缅甸古代历史研究词典》（〔缅〕吴登莱编，缅甸教育部高校历史研究委员会刊印，2002年第2版，第29页）注释为Ratnapulung，靠近现孟加拉国港口城市科克斯巴扎尔（Cox's Bazar）。

图 21　班都拉将军身穿的甲胄，现收藏于英国伦敦博物馆。这副盔甲并非缅甸制作，而是来自外国。该盔甲采用 17 世纪中叶东南亚海岛地区的制作工艺，使用麻线将着色的金属片穿结后辅以多种布料制成，质地坚硬。整套盔甲适合身高约 5 英尺 8 英寸的人穿

班都拉久攻仰光不下率军撤退至德努漂[①]时遭到英军追击。缅英两军在德努漂发生激战，班都拉将军不幸中弹阵亡。缅军失去主将后不敌英军，第一次缅英战争以缅甸失败告终。

①德努漂，缅甸地名，位于伊洛瓦底省。

3. 战败

由于第一次缅英战争的失败，缅甸被迫向英国割地赔款，出让王国的权益。

英国首先占领了属于缅甸的阿萨姆、若开和德林达依等地区，同时缅甸不得再干涉曼尼普尔和察查地区的事务。此外，缅甸向英国支付战争赔款 1000 万缅币。[①] 这些内容都列入了缅英双方在杨达波镇签订的《杨达波条约》。

近代缅甸被英国通过 3 次战争逐渐蚕食，最终完全沦为英国殖民地。

在巴基道王在位期间发生了缅甸历史上的两件重大事件。一个是英国侵占了缅甸 1/3 的国土，另一个则是在这一时期缅甸详尽地编纂了本国历史。[②]

4. 历史巨著

缅甸古代各朝代均留传有不同的历史著作，但或内容残缺，或散佚各处。缅历 1191 年，贡榜王朝巴基道王钦令召集众多僧俗学者，在前朝各部历史著作的基础上，重新编纂了一部宏伟的编年体历史著作。因为这部史书在贡榜王宫的朱甍碧瓦内编写完成，因此得名《琉璃宫史》。

《琉璃宫史》所记录的内容止于巴基道王登位后的第三年，即缅历 1183 年。此后的缅甸历史则在缅历 1229 年贡榜王朝敏东王时期被续写完成。[③]

①当时缅币与英镑汇率约为1英镑折合40缅币（见〔缅〕纳茂蓬觉：《英缅战争史》，赵德芳、李秉年译，香港社会科学出版有限公司，2008年，第126页），据此估算赔款数额为25万英镑。

②巴基道王在位期间，组织蒙悦逝多林寺大法师等13位僧俗学者，根据缅甸历代各类佛经、史书、碑铭和文学作品，编著了缅甸大编年史《琉璃宫史》。

③敏东（Mindon），旧译作曼同。敏东王在位期间（1853—1878），命大臣续编《琉璃宫史》，内容自阿朗帕耶王统一缅甸建立贡榜王朝开始。贡榜王朝灭亡后，原朝廷大臣吴貌貌丁继续修订该部史书，内容至贡榜王朝末代国王底博王被英国人劫往印度即贡榜王朝灭亡为止。1936年，再有缅甸学者将该部史书整理校订，以《贡榜王朝史》名称正式出版。

（五）达亚瓦底贡榜[①]王（缅历 1199—1208 年，公元 1837—1846 年在位）

缅历 1199 年，王后梅努及其胞弟色林侯吴欧阴谋陷害巴基道王之弟达亚瓦底亲王，诬告其谋反并派禁军包围了亲王的府邸。达亚瓦底亲王率本部兵马冲出包围后退避至瑞波。达亚瓦底亲王随即书信给兄长巴基道王，告称自己从无反叛之念，只因色林侯等人追杀才率部出走到瑞波躲避。

1. 巴基道王逊位

达亚瓦底亲王据重兵于瑞波，巴基道王并不愿出兵与弟弟兵戎相见。此时，巴基道王的健康状况每况愈下，因此下令将王位逊让予达亚瓦底王。[②]

达亚瓦底继位缅王后，立刻派人将哥哥巴基道好生安顿，每日侍奉。

因为达亚瓦底是在瑞波称王的，所以也号瑞波王或贡榜王。

缅历 1199 年，达亚瓦底贡榜王下令重建阿摩罗补罗城，并在缅历 1200 年再次把国都从阿瓦迁回了阿摩罗补罗，阿瓦在缅甸历朝作为都城的历史至此结束。

2. 处死色加王、梅努和色林侯

缅历 1200 年，达亚瓦底贡榜王以谋反罪名下令将自己的侄儿即王后梅努之子、号色加王的良渊王子溺死。

此后不久，缅王再下令处死王嫂梅努王后和王后之弟色林侯吴欧，罪名是他们参与了印度马达亚地区的谋反。

3. 行巡仰光

缅历 1203 年，缅王达亚瓦底贡榜乘船自水路抵达仰光，他下令在瑞德光

①达亚瓦底贡榜（Thayawadi Kongbaung Min），旧译作孟坑。

②缅甸历史上也有一说是达亚瓦底亲王逼宫迫使巴基道王退位。

大金塔的西南侧修建行宫，在此停留居住了 5 个月之久。

这期间，由于被怀疑参与了缅王次子卑谬侯的反叛，历史上著名的王妃玛妙格礼[①]、约族大臣吴莱等人也被缅王下令处死。

达亚瓦底贡榜王在位期间，缅甸时逢乱世，有很多人死于非命，就连其本人后来也失智疯癫，于缅历 1208 年病亡。

（六）蒲甘[②]王（缅历 1208—1214 年，公元 1846—1852 年在位）

达亚瓦底贡榜王死后，其长子蒲甘侯继位，即蒲甘王。蒲甘王在位期间所发生的重大历史事件便是缅英爆发了第二次战争。缅甸再次战败，英国人借机占领了整个下缅甸地区。此时贡榜王朝所统治的区域在地图上只剩下了位于上缅甸地区的 1/3 的国土。

1. 战争的触发

导致第二次缅英战争爆发的原因，先有英方向缅王提出以下交涉。

其一，缅甸朝廷没有遵守先前所签订的《杨达波条约》，[③]刁难和迫害英国商人，向其课以重税。不仅如此，贡榜王室还准备专设官员针对在缅的英国商人，并对其进行监管。英方对此表示不满。

其二，在英国军官前往面见仰光侯吴蒙并就英国商人事提交抗议书时，贡榜朝廷的官员吴蒙羞辱了英国军官，英方因此要求仰光侯吴蒙正式道歉。

其三，英国人刘易斯和谢菲尔德遭受到缅方官员的不公正对待，以及缅方官员向涉事英国人征收 9000 缅币，英方对此不满并要求退还所缴纳款项。

---

①玛妙格礼，缅甸贡榜王朝著名的宫廷女诗人，创作的比釉诗《我所爱的一切》在缅甸民间广为流传。［见〔缅〕吴佩貌丁：《缅甸文学史》（缅文），雅贝书局2013年第11版，第285页］

②蒲甘（Pagan），旧译作蒲甘曼。

③达亚瓦底贡榜王继位后，曾表示不承认其兄巴基道王在位时与英人签订的《杨达波条约》，并对英国人持强硬态度。

对于英方提出的这些交涉，蒲甘王表示将和英方协商并予妥善解决。可就在缅甸协调处理双方争端的时候，又有英军司令官变本加厉地要求缅甸朝廷向英军支付100万缅币作为军费。于是，缅英两国间的关系变得愈发紧张了起来。

在经历了不断的摩擦事件之后，第二次缅英战争爆发。英军在缅历1213年攻占了卑谬，并准备继续北上进攻缅甸的都城。缅历1214年，战争最终以缅甸的失败宣告结束，英国人继而占领了自卑谬和东吁以南的整个下缅甸地区。

2. 蒲甘王退位

敏东亲王和加囊亲王二人是蒲甘王的王弟。一次，由于怀疑两名亲王的家臣涉入了一桩抢劫的刑案，蒲甘王命禁军前去两名亲王府中搜查。敏东和加囊二人于是带领本部人马逃往瑞波，接着开始以武力反对蒲甘王。最终，蒲甘王由于不能平息兵变于缅历1214年宣布退位，敏东成为新的国王。如前朝巴基道王退位时那样，敏东王也善待了退位后的蒲甘王。

（七）敏东王（缅历1214—1240年，公元1852[①]—1878年在位）

敏东王登上王位后，诏令加囊亲王为储君。

①敏东王继位应为公元1853年。查《贡榜王朝史》（吴貌貌丁编著，缅甸高校历史协会第五次修订版，全三卷，雅贝书局2004年版）第三卷第111页，蒲甘王逊位其弟敏东王为缅历1214年，即公元1853年。此处照原文仍译作公元1852年。

1. 曼德勒王宫

图 22 曼德勒王宫城墙、护城河及城门

达亚瓦底贡榜王在位时，曾在缅历 1200 年将国都从阿瓦迁回阿摩罗补罗。敏东王继位后，下令废弃阿摩罗补罗作为王都，开始在曼德勒修建新的王宫。新王宫的建造从缅历 1218 年开始，于缅历 1221 年正式完工。

2. 恢复王国繁荣的努力①

从某种程度上看，贡榜王朝是出于繁荣缅甸的贸易和经济的希望才向英国妥协并与之签订合约的。

缅历 1227 年，敏东王下令铸造印有孔雀图案的新币在全国流通使用。缅甸第一次使用的铸币是波道帕耶王在位时期发行的银币和铜币，此次新币铸造的原料大量回熔就使用了波道帕耶王时期的旧币。

①敏东王在1853—1866年间，采取了旨在挽回贡榜王朝日渐衰落形势的一系列维新措施，包括加强中央集权、使用近代军事技术改良军队、发行统一的铸币、开办近代小型工厂、选派人员赴国外留学和经营伊洛瓦底江航运等，历史上称为“敏东王改革”。但由于改革措施不彻底和内部的王位争夺等原因，最终失败。

缅历 1235 年，在缅王的亲自推动下，上缅甸地区首次安装了电报设备。

新版铸币的发行和近代通信的建立，加强了贡榜朝廷的中央集权统治，也促进了缅甸国内商贸的发展。

除此以外，敏东王还选派人员赴欧洲留学，了解学习西方在工业、制造业等方面的近代科学技术。缅王要求这些留学人员回国后在缅甸效仿建立起钢铁冶炼、玻璃制造等工厂并经营。遗憾的是，这些努力大多没有实现缅王的初衷，所产生的效果也不明显。

3. 王子们的反叛

缅历 1228 年，王子敏贡、敏孔登兄弟两人不满父王立叔父加囊亲王为储君，借由起兵反叛其父敏东王。两位王子聚集党徒 50 余人袭击了王储的住所，加囊亲王因此遇害。所幸两位王子在行刺敏东王时没有成功，敏东王躲过一劫。

王宫禁军随即追击，两位王子及其手下不敌，退逃至河港码头杀害了船长后劫持一艘汽轮船沿江顺流逃到了下缅甸。

逃至仰光后，英国人为两名王子提供了庇护，随后再送两人到了印度。后来，弟弟敏孔登终老于印度波罗奈城[1]，哥哥敏贡最后流亡到了法属印支的西贡，并于缅历 1287 年逝世，终年 77 岁。

4. 续修《琉璃宫史》

巴基道王在位期间曾下令修纂了著名的《琉璃宫史》，但该部史书所记载内容仅截止于缅历 1183 年。缅历 1229 年，敏东王下令续编《琉璃宫史》。

5. 第五次佛经结集

缅历 1230 年，在敏东王的主持下，将三藏佛经镌刻于石碑上，并为每块

①波罗奈城，又称贝拿勒斯，即现今印度瓦拉纳西。

石碑修造一座塔窟供奉于曼德勒古道陀佛寺内。缅历 1233 年，敏东王再令全国高僧合诵三藏佛经，举行了佛教史上第五次佛经三藏结集。

所谓结集，就是三藏佛经由僧人集体诵出，其间众僧伽共同校疏经文中因记载和流传过程所造成的漏误，予以更正增益，再将其重新编订汇集，以为后世典范。于此之前，在王舍城、毗舍离城[①]、波多厘子城和锡兰分别举行过三藏佛经的 4 次结集，而今在缅甸举行了佛教史上规模盛大的佛经第五次结集。敏东王因此获得了“第五次佛教结集之功德主”的荣勋。在缅甸古代历史诸多国王当中，能够获得这样至高无上勋号者仅敏东王 1 位。

图 23　第五次佛教结集之功德主敏东王

①毗舍离城，即吠舍厘城。

6. 龙使者貌耶

敏东王在位时还曾出现过一桩异事。缅历 1233 年，贡榜王宫里来了一名衣衫褴褛的乞丐，自称貌耶，来自勃固。最令人惊诧的是，该人向缅王禀奏，自称是龙王遣来的使者，龙王有慕于缅王的威德要来与敏东王会面，但龙离不开水，为使龙王顺利前来，要求缅王专门开凿一水池。

敏东王听信了貌耶的话，命令开凿了一池清潭，池塘周边还用石块整葺。貌耶再奏，龙王降临当晚王宫正殿和东宫皇后寝宫的上方将现神龙霓雾。是夜，王宫中众人果然看到宫殿之上云雾缭绕，纷纷议论。此事在史上是真是假，不得而知，不过如今在瑞当的仙人窟附近仍然还留有一片池塘，名叫貌耶池。

7. 遣使海外

敏东王分别在缅历 1233 年、缅历 1235 年两次派遣使臣前往欧洲的英国、法国和意大利等国。贡榜王朝的使节们受缅王之命，与这些欧洲国家商谈与缅甸建立外交关系、开展商贸合作和共同开发缅甸的宝石矿等事宜。

敏东王尊崇佛、法、僧三宝，贤德圣明，在位期间广施仁政，做了很多有利于国家和佛教的功德善事，是缅甸历史上一位贤明的国王。敏东王在位共 26 年，64 岁时辞世。

（八）底博①王（缅历 1240—1247 年，公元 1878—1885 年在位）

1. 同室操戈

缅历 1240 年，敏东王的健康状况愈下。就在此时，中宫王后辛漂玛信（巴基道王与王后梅努之女、底博王王后泰素漕雅叻之母）同敏纪吴甘等部分文

①底博（Thibaw），旧译作锡袍，为缅甸贡榜王朝的末代国王，也是缅甸封建王朝的最后一任国王。

图 24　底博王在位时的大臣金蕴敏纪

图 25　底博王及王后泰素潽雅叻

武大臣合谋，借口罪名将敏东王的多名王子、公主以及敏东王侄辈、孙辈等近 50 名王室成员拘禁了起来。

王后辛漂玛信此举的目的是要让自己的儿子底博王子继承王位。不久后，敏东王病故。因为本应继承王位的王子仍在狱中，于是小王子底博登上了王位，这便是贡榜王朝底博王。

新国王继位后大约才 5 个月，底博王和王后泰素潽雅叻的近身侍卫率领军士在没有任何诏令的情况下忽然冲进牢狱，把还在拘禁中的 50 名敏东王的王子王孙全部杀害。

贡榜王宫中的这次事件可谓是缅甸古代王朝历史上的一桩血案，新王一时被权力和野心所蒙蔽，铸成大错。全国百姓听闻王宫中的此事后无不为自己的君主悲痛不已，同时也为自己国家的命运担忧焦虑。

这样的惨案发生在王宫之中也隐约预示着贡榜王朝的气数将尽，正在一步步走向没落和灭亡。

其实底博王也曾熟读诗书，算得上是明理达情，并非暴戾之人。底博王在醒悟之后也万分悔恨。因此，底博王在位期间大举佛事，广建塔寺，积善好施，以求抵偿罪过。

概观底博王在位期间的施政主要有 6 项。其一，在国家的治理方面，将朝廷枢密院以下分设 14 部，各司职能。其二，在军事方面，以近代先进的军事技术改良缅甸军队。其三，在缅甸国内开办了博彩业，认为能够促进国家的经济。其四，在宗教方面，向偏远的地区遣派僧侣，传经弘法，促进了佛教在缅甸的发展。其五，大赦约 1400 名罪奴，使其获得自由身份。其六，为了更好地维护国家，与欧洲的几个大国建立起外交关系。

但与此同时，底博王登位后杀害手足，在朝中任人唯亲，近佞臣小人而远忠良贤士，所犯下的过错实在太多。贡榜王朝的国运也似乎天数已定，底博王一人也无力改变王国日渐颓落的大势。

2. 第三次缅英战争和缅甸的沦亡

当时的世界,正值英法两国争强,各自在远东拓展本国的海外殖民地之时。在这样的情况下,缅甸只能在列强的缝隙中寻求生存的空间。

贡榜王朝曾尝试与法国建立起关系,并签订政治经济协作条约。而英国立即认为这样做损害了其在缅甸的利益,表现出了不满。于是,英国便不断借端寻事,意图从中干涉缅甸。一个典型的例子便是柚木案。

当时,有印度孟买巴玛公司在缅甸伐运柚木,同时依照贡榜王朝的律例,该公司须向缅甸王室缴纳赋税。可是林木大臣向缅王奏报,孟买公司在两年的时间里一共伐取了 8 万余根柚木原木,但仅仅向贡榜朝廷申报了 3 万根原木的税额,由此逃避了本应向缅王缴纳的 5 万余根原木的赋税。此案再由缅朝廷枢密院核查属实,于是裁定向孟买巴玛公司征收 230 万缅币的罚金。

孟买巴玛公司对缅方的处罚表示不满,向英国政府报告此事,请求英国政府干预。缅历 1247 年 7 月,英方在就柚木案给贡榜朝廷最后的照会中提出了以下要求。

一是由英帝国驻印度总督委派一名英方代表,与缅甸朝廷官员共同谈判协商解决柚木一案。

二是为了保证英方谈判代表的安全,英方将派遣一艘军舰停泊在曼德勒河港,同时还将有 3000 名英国军队的士兵一同驻扎在港口。

三是英方谈判代表在面见缅王时无须脱靴,并可以被允许随身携带佩剑。

四是今后凡缅甸朝廷所涉及的外交事务都必须经过事先向英国政府报告同意方可施行。

英方同时还在照会中表示,如果缅方不同意上述 4 点要求中的任何一点,英国政府将采取必要的回应措施。

这样的照会无异于最后通牒。无奈之下,缅甸朝廷向英国政府复函表示,英方的前 3 点要求所涉及为柚木案,缅方将放弃就该案向英方征收 230

万缅币的罚款，并愿意以此与英方了结此案。同时表示，关于第四点要求，缅甸则提出愿意采取由除缅英双方之外的任一第三方国家参与的方式来处理缅甸的外交关系事务。

正如意料之中的那样，英国人并不满意缅甸王室这样的答复。最终，缅历 1247 年 8 月 8 日[①]，英国军队开始向缅甸发动进攻，第三次缅英战争爆发。缅历 1247 年 8 月 22 日[②]，王城曼德勒被英国军队攻陷。次日，英军拘押并带走了底博王，一同被英国人带走的还有缅王的两位王后及其他随身侍从。

英国人先是把底博王及其两位王后押送至马达亚，之后再把缅甸国王流放至孟买附近的勒德纳吉里[③]。缅历 1278 年，底博王在印度勒德纳吉里客死他乡，终年 59 岁。

底博王的王后泰素澘雅叻最终获得英方的批准得以返回缅甸，并一直居住在仰光。缅历 1287 年，泰素澘雅叻王后去世，时年 67 岁。泰素澘雅叻王后被安葬在仰光瑞达光大金塔脚下正南方的不远处，其坟冢至今尚在。

底博王被宣布退位的日期是缅历 1247 年 9 月 26 日，即公元 1886 年 1 月 1 日。英国政府在当天同时宣布上缅甸地区已归属大英帝国。至此，缅甸全境被英国占领，贡榜王朝宣告灭亡。

①公历为1885年11月14日。［见吴貌貌丁编著：《贡榜王朝史》（缅文）第三卷，缅甸高校历史协会第五次修订版，雅贝书局2004年版，第466页］

②公历为1885年11月28日。［见吴貌貌丁编著：《贡榜王朝史》（缅文）第三卷，缅甸高校历史协会第五次修订版，雅贝书局2004年版，第471页］

③位于印度马哈拉施特拉邦西部濒临阿拉伯海的港口城镇，其位置介于孟买与果阿之间。

附　录

附录一　蒲甘国第四十任国王基梭[1]名讳考

缅甸古代文献中，发现有多处把基梭王名字中的“梭”字标注了不同的调值，记作“基索”[2]。举数例如下。

吴漂[3]在其埃钦诗[4]《呈奉辛古王》就有记述：“基索王执掌王宫年数虽短，仍广布功德，恩泽于民。王登位第六年，其弟叟格德权势稍长，渐取而代之。”

又有叙述缅甸古代朝代王系的佚名四言诗中写道：“诸王子及弱冠者，基索才能为上，叟格德次之。”

①缅甸人名中无姓氏。

②缅甸语属于汉藏语系，是一种单音节的拼音文字，发音共有4个调值。此处人名中的“梭”对应缅语发音为高调值，而“索”对应缅语发音为低调值。

③吴漂（约1738—1788），缅甸贡榜时期著名的宫廷文学家。其名作《呈奉辛古王》不仅用韵工整、文采华美，同时还详细记述了缅甸自有传说的古代至诗人所处时代的历代君王的名讳及在位时间，因此也是一份具有价值的缅甸历史文献。

④埃钦诗，缅甸古代重要的诗歌体裁之一，最初是为王宫中的王子、公主创作的摇篮曲和启蒙诗，以歌颂祖先功德为主题，诗歌内容再逐渐发展为赞美四季自然的季节颂。

盛达觉杜[①]的比釉诗《亚扎温达》[②]还提道："众王子列班朝觐。基索品性秉直，为人淳厚。叟格德专于权诈，善巧谲。"

再有茂贡诗[③]《释迦王族》[④]再提道："论善恶曲直，孰是孰非，基索与叟格德之间，高下立判。"

①盛达觉杜（1736—1771），原名吴奥，缅甸贡榜王朝时期的文学家，盛达觉杜是其勋号。

②《亚扎温达》是吴奥创作的一首叙述缅甸古代国王的韵律长诗，以"珍宝之地……"作为首句开篇。"亚扎"意为"王室的"，"温达"意为"血统、族系"。

③茂贡诗，缅甸古代的一种诗歌体裁，其内容多为记述历代国王的事迹。

④该首诗歌作者为贡榜王朝时期的著名诗人瑞当南达都（约1755—1840），曾被贡榜国王授予"纳瓦德"的勋号，意为"完美无缺的诗人"。因这一勋号在缅甸历史上共有5人获得，按其顺序瑞当南达都又被称为"第二纳瓦德"；或取诗人家乡地名色林镇，瑞当南达都被称为"色林瓦纳德"。又因瑞当南达都擅长创作茂贡诗歌而被称为"茂贡纳瓦德"。记述了中缅关系的茂贡诗《华使莅缅记》即为瑞当南达都所创作。

附录二　阿奴律陀等 4 位国王登基年份考

关于阿奴律陀及其之后 3 位蒲甘国君继位登基的年份，在缅甸古代不同的文献史料里的记载存在着较大的差异。阿奴律陀、苏卢和江喜陀 3 任蒲甘国王的登基年份（缅历）在不同史料中就有不同记载，如下所列。

历史文献		阿奴律陀	苏卢	江喜陀
1	《大史》[1]	364	497	425（423）
1	《王系族谱考释》[2]	364	497	425（423）
1	《蒙悦法师简编大史》[3]	364	497	425（423）
2	《琉璃宫史》	379[4]	421	426
2	《敦丁新史》[5]	379[4]	421	426
3	《古史》[6]	406	439	446
3	《兴修蒲甘城佛塔志》[7]	406	439	446
3	《宫廷星象志》[8]	406	439	446

注：［1］《大史》，是缅甸古代重要史籍，也是缅甸《琉璃宫史》编纂时所依据的重要历史文献，由东吁王朝时期的著名学者吴格拉（约1678—1738）编著。

［2］《王系族谱考释》，缅甸古代历史文献，其中详细记录了缅甸古代诸国王的生卒年和在位年份等内容。缅甸学者均认为，在缅甸古代第一部编年史，即阿瓦时期僧侣学者信摩诃蒂拉温达在公元1502年编著的《名史》成书之前，仍存有许多颇具价值的历史文献。缅甸近代著名学者吴龙（德钦哥都迈，1875—1963）在其著作《琉璃宫新史》的前言里列举了9部这一类缅甸早期的历史文献，《王系族谱考释》便为其中之一，其作者为僧侣学者信格达瓦亚，其生卒年代则不可考。

［3］《蒙悦法师简编大史》，又称《蒙悦史》。由《琉璃宫史》主要编纂者缅甸贡榜王朝时期的僧侣学者蒙悦大法师在吴格拉《大史》的基础上，重新注疏各朝代国王们的生卒年和在位年份所编写的一部史书。

［4］原书为397年，对比前后文及其他文献，应为误印，此处更正为379年。

［5］《敦丁新史》，又名《新史》，编著者为贡榜王朝波道帕耶王在位期间的大臣、文学家吴吞纽（勋号敦丁岱温摩诃悉都，1726—1809？）。该部史书参考了从缅甸全国收集来的600余碑铭后，在对吴格拉《大史》进行校对、修正、注释并加以评论的基础上编撰成书，其内容记载至公元1785年。但由于该部史书对前朝历代君王的评述言辞激烈，并未得到贡榜王朝宫廷的充分认可。

[6]《古史》，又名《蒲甘古史》，作者为一位名叫跋诃摩那的婆罗门，其生平不可考。

[7]《兴修蒲甘城佛塔志》，缅甸古代历史文献，成书年代早，作者不详。该书因记载了蒲甘王朝著名君主江喜陀王的生年而受到学者的关注。

[8]《宫廷星象志》，该书按星象记载了缅甸各朝国王的生卒年份，据信成书时间较早，但作者不详。一种观点认为是由东吁王朝达龙王在位期间（1628—1648）的一名供职于宫廷的婆罗门编撰而成，另一种观点认为是由东吁王朝后期的明耶觉廷王在位期间（1672—1698）的宫廷学者编撰而成。

不过，在以上所列史料中，应以最后即第三组历史文献所记载的年份最为准确。

关于阿奴律陀登基的年份，《琉璃宫史》记载："在各类古籍史书当中，虽然并没有明确记载阿奴律陀王于缅历 379 年登基，但在为阿奴律陀之妻北宫王后所建功德塔中存放的碑铭上却发现有'缅历 379 年，沙罗波那宿年[①]，十月二十三日，月曜日，阿奴律陀称王，成为诸王子、妃嫔及众大臣、诸侯之主，统治蒲甘百姓黎民'的文字。"[②]

值得注意的是，若细致考察上述所记录的文字，碑铭上实际使用的词义并非"登基"，而是"起誓"。事实上，阿奴律陀在登基之前，为了反对兄长叟格德王，与一部分王公大臣、武将和地方诸侯互立盟约，商定共谋起事。[③]而这一情况再被碑铭所记载。缅甸学者蒲甘县尹吴丁[④]对碑铭上的这一历史

①沙罗波那宿年，源自印度的天文历法纪年，而缅历则大部源自印度古代历法。印度古代的吠陀占星术将黄道带星座划分为二十七星宿，按其天文运行周期以作纪年。沙罗波那（Sharavana）音译自梵语，是二十七宿中第二十二星宿的名称，其位置对应我国二十八宿中北方第三宿女宿。

②该记载见〔缅〕蒙悦法师等：《琉璃宫史》第一卷，缅甸宣传部重印，1992年，第230页。

③《琉璃宫史》记载，蒲甘新王叟格德继位后，对阿奴律陀之母出言不敬，引致阿奴律陀不满。阿奴律陀遂击杀异母兄叟格德王后称王。

④蒲甘县尹吴丁（1861—1933），原名吴丁，缅甸近代学者，长期在缅甸英国殖民政府下任职，因曾任蒲甘地区行政官，因此得名蒲甘县尹吴丁。也正是得益于任职蒲甘及其早年扎实的缅甸语文功底，吴丁在蒲甘考古、碑铭释读和缅甸文学等方面颇有建树，并留有多部著作。

记述做出如下解读。

缅历 379 年，摩梨伽室利沙宿年[①]，十月下的第八日，火曜日，阿奴律陀明誓："先王驾崩，乃告众王子公卿、文武大臣及各地诸侯食邑，往后定将采纳众言，恩泽各方。不肆意苛难罪责臣属。如有违背此誓言，愿遭八劫、十难，入四恶道。"

众王子公卿、文武大臣及各地诸侯同时发誓："吾等宣誓效忠蒲甘之诸王、效忠阿奴律陀王子。不存篡谋忤逆之念，不行病国殃民之事。竭力辅佐蒲甘王室，绝无旁心。如有违背此誓言，愿遭八劫、十难，入四恶道，永世不可受享施献供奉。"

根据以上对碑铭的释读，可以确认缅历 379 年事实上是阿奴律陀在登上王位之前起誓的年份，而非登基的年份。

此外，《琉璃宫史》中所参考的一块蒲甘碑铭同时也在《词诠》[②]和《文萃》[③]两部重要的文献当中被提及，即在蒲甘城遗址的城南、城北和城正中3处均发现了为蒲甘时期3位王妃所建造的3座佛塔，其间并发掘发现了这块尺寸约高1米、宽0.5米、厚度15厘米的碑铭。《词诠》和《文萃》中对这块碑铭中的文字做了解读，其中就有"缅历379年，沙罗波那宿年，十月二十三日，火曜日，阿奴律陀明誓"。这也旁证了蒲甘府尹吴丁考证当年为"摩梨伽室利沙宿"有误。

因此，按以上两种考证，发现对于同一历史事件的日期，《琉璃宫史》记载为"月曜日"，《文萃》记录为"火曜日"；关于事件则《琉璃宫史》

---

①摩梨伽室利沙宿（Mrigashirisha），古代印度吠陀占星术中二十七宿中的第五宿，其位置大致对应我国二十八宿中西方第六宿觜宿。

②《词诠》，辑录了缅甸古代历史文献和文学作品中的各类生僻词和用语并做诠释，是缅甸古代文学的重要辞书。其编撰者吴钦（1796—1855）即莱丁敦蕴，为缅甸贡榜王朝末期的大臣。

③《文萃》，收集了缅甸古代重要碑铭、文学作品并做评注，是缅甸重要的古代文学文献。该书编纂者吴沁（约1828—1883）曾任缅甸贡榜王朝敏东王时期外交大臣，并曾跟随首辅大臣金蕴敏纪出使欧洲。

记载为“称王”，而《文萃》记录为“明誓”。之所以出现如此差异的原因，一方面是考证的文献依据不同，另一方面则是对作为重要考证依据的碑铭中的关键字句的释读有所不同，即事实上碑铭中并未明确使用“成为国王”的措辞。

不过，我们仍然可以在诸多文献中寻找到以下一致。

（1）《兴修蒲甘城佛塔志》《宫廷星象志》《古史》等历史文献中都记载了阿奴律陀王登基的年份是缅历 406 年，即公元 1044 年。

（2）《琉璃宫史》和《敦丁新史》之外的其他缅甸古代历史文献中均记载了阿奴律陀王在位共 33 年、苏卢王在位共 7 年。

（3）最令人信服的史料则是发现于蒲甘的妙齐提碑碑铭。[①] 这块著名石碑的 4 个立面上分别以缅文、孟文、巴利文和骠文镌刻了相同内容的文字，明确记载了佛历 1628 年[②] 即缅历 349 年，江喜陀王继承王位，共在位 28 年。

不过，若仔细考察，我们留意到妙齐提碑碑铭上的原文字是“佛历 1628 年即逝……”据此也可以推断，碑铭所记录的日期或指佛历 1628 年末，或指已进入佛历 1629 年即缅历 447 年。但无论如何，考古发掘的妙齐提碑碑铭确信是江喜陀王之子亚扎古曼王子命人所制的真迹，并非后世仿刻。

依据众多可考查的史料，关于江喜陀王于缅历 446 年登基的观点最为可信。由此，按一致认同的江喜陀王共在位 28 年进行推算，其继任者阿朗悉都的登基年份是缅历 474 年。而江喜陀王的前任苏卢王一共在位 7 年，由此以缅历 446 年减除后，可知苏卢王的登基年份是缅历 439 年。

综上所述，阿奴律陀等 4 位国王的登基年份应以此为准：阿奴律陀王于缅历 406 年登基，在位 33 年；苏卢王于缅历 439 年登基，在位 7 年；江喜陀王于缅历 446 年登基，在位 28 年；阿朗悉都王于缅历 474 年登基，在位 55 年。

对这一问题，当然还有其他的观点。也有学者认为，关于缅甸古代国

---

①妙齐提碑也被称为亚扎古曼碑，其碑铭被认为是迄今发现的年代最早的镌刻有缅文的碑铭，该碑铭对研究缅文的起源具有重要意义。

②即公元1084年。

王登基继位的年份，一些是从取得王朝统治权的年份开始计算，而另一些则是以国王接受洗礼加冕的年份开始确定。因此，阿奴律陀王登基的年份应该从缅历 379 年开始，而缅历 406 年是阿奴律陀王正式接受洗礼的年份。按此说法，阿奴律陀王从登基到洗礼整整相距 27 年之久，显然这并不具有说服力。

以上考证的观点，主要参考了《琉璃宫史》《敦丁新史》《兴修蒲甘城佛塔志》《古史》《中史》①《王系族谱考释》《宫廷星象志》《妙齐提碑铭》《词诠》《文萃》等史籍和文献资料后得出。在没有获得比上述资料更加确凿的证据之前，这些观点应该是截至目前被认为的最为可信的年份考据了。

（以上内容缅历年份均参考《琉璃宫史》）

---

①《中史》，由缅甸东吁王朝时期著名学者吴格拉（约1678—1738）所著。

附录三　缅甸各朝代王系年表①

太公王朝

太公王朝历经50代国王，自佛祖在菩提迦耶悟道之前300年始至大约佛历100年止，诸王在位累计约400年。

第一太公王朝

1. 阿毕罗阇	18. 顶兑
2. 小甘罗阇（阿毕罗阇之子）	19. 悉诃拉
3. 瞻部提婆罗阇	20. 汉萨（悉诃拉之子）
4. 僧伽萨	21. 伐罗（汉萨之子）
5. 毗班那	22. 阿郎
6. 提婆达	23. 拘拉伽
7. 牟尼伽	24. 都利亚
8. 那伽（牟尼伽之叔，因乾陀罗国入侵而亡）	25. 丁基
9. 因陀罗（那伽之弟）	26. 岱漆
10. 萨穆蒂（因陀罗之子）	27. 摩都（岱漆之子）
11. 提婆	28. 明拉基
12. 摩阇陀罗	29. 丹苏悉诃
13. 毗摩拉	30. 陀宁偈
14. 悉诃努	31. 阇陀罗
15. 敏伽那	32. 莫梨耶
16. 甘萨	33. 本那伽
17. 羯陵伽	

①该王系表仅列出太公、骠及蒲甘以后缅族政权王系。王系表中各朝国王姓名译法参考李谋等译《琉璃宫史》（商务印书馆2007年版）和北京大学缅甸语教研室编《缅汉词典》（商务印书馆1990年版）附录二。个别音译有调整。

第二太公王朝

34. 德多瞻部提婆陀	43. 亚豪拉
35. 岱亚	44. 榜榭
36. 亚塔亚	45. 皎榭
37. 丹宫亚	46. 新劳
38. 诃兰弁亚	47. 新腾
39. 瑞	48. 岱漆
40. 格龙亚	49. 明基
41. 那伽亚	50. 摩诃罗阇（德多摩诃罗阇）
42. 那伽乃	

室利差呾罗王朝

室利差呾罗王朝历经27代国王，自佛历60年始至638年止，诸王在位累计共578年。

都 城	王 名	在位年份	在位年限
卑谬	1. 摩诃丹婆瓦	佛历 60—66 年	6 年
卑谬	2. 苏拉丹婆瓦（摩诃丹婆瓦之弟）	佛历 66—101 年	35 年
室利差呾罗	3. 竺多般（苏拉丹婆瓦之侄）	佛历 101—171 年	70 年
室利差呾罗	4. 竺多仰（竺多般之子）	佛历 171—193 年	22 年
室利差呾罗	5. 仰邦	佛历 193—243 年	50 年
室利差呾罗	6. 仰曼	佛历 243—293 年	50 年
室利差呾罗	7. 叶坎	佛历 293—324 年	31 年
室利差呾罗	8. 坎朗	佛历 324—362 年	38 年
室利差呾罗	9. 赖开	佛历 362—396 年	34 年
室利差呾罗	10. 悉梨坎	佛历 396—424 年	28 年
室利差呾罗	11. 悉梨罗阇	佛历 424—433 年	9 年
室利差呾罗	12. 鄂达巴（悉梨罗支之婿）	佛历 433—484 年	51 年
室利差呾罗	13. 巴比仰（鄂达巴之子）	佛历 484—550 年	66 年

续表

都　城	王　名	在位年份	在位年限
室利差呾罗	14. 仰牟卡	佛历 550—565 年	15 年
室利差呾罗	15. 仰登卡	佛历 565—568 年	3 年
室利差呾罗	16. 仰蒙萨粦陀	佛历 568—583 年	15 年
室利差呾罗	17. 蓓粦陀（仰蒙萨粦陀之弟）	佛历 583—595 年	12 年
室利差呾罗	18. 蒙萨拉（蓓粦陀之子）	佛历 595—600 年	5 年
室利差呾罗	19. 布翁纳	佛历 600—603 年	3 年
室利差呾罗	20. 达卡（婆罗之弟）	佛历 603—606 年	3 年
室利差呾罗	21. 达底（达卡之子）	佛历 606—609 年	3 年
室利差呾罗	22. 甘努（达底之弟）	佛历 609—610 年	1 年
室利差呾罗	23. 甘岱（甘努之兄）	佛历 610—613 年	3 年
室利差呾罗	24. 贝阇	佛历 613—617 年	4 年
室利差呾罗	25. 苏蒙陀梨（贝阇之子）	佛历 617—624 年	7 年
注：启用新历 [1]			
室利差呾罗	26. 阿蒂达	室利差呾罗历 2—5 年	3 年
室利差呾罗	27. 那迦罗岑那（阿蒂迦之弟）	室利差呾罗历 5—16 年	11 年

注：［1］即室利差呾罗历。

蒲甘王朝

蒲甘王朝历经 55 代国王，自室利差呾罗历 29 年始至蒲甘历 730 年止。蒲甘王城建城史共 1261 年。

第一蒲甘王朝

王　名	在位年份	在位年限
1. 萨牟陀梨（那迦罗岑那之侄）	室利差呾罗历 29—74 年	45 年
2. 罗帝姜（骠绍梯之师）	室利差呾罗历 74—89 年	15 年
3. 骠绍梯（萨牟陀梨之婿）	室利差呾罗历 89—164 年	75 年
4. 梯明尹 [1]（骠绍梯之子）	室利差呾罗历 164—221 年	57 年

续表

王　名	在位年份	在位年限
5. 尹明拜[2]	室利差呾罗历 221—246 年	25 年
6. 拜丁里[3]	室利差呾罗历 246—266 年	20 年

注：[1] 旧译作低蒙苴。
[2] 旧译作苴蒙伯。
[3] 旧译作伯梯利。

第二蒲甘王朝

王　名	在位年份	在位年限
7. 丁里姜[1]	室利差呾罗历年 266—309 年	43 年
8. 姜都律	室利差呾罗历年 309—334 年	25 年
9. 底坦	室利差呾罗历年 334—361 年	27 年
★牟克曼（底坦之武将）	室利差呾罗历年 361 年	在位仅 1 月
10. 耶克曼[2]（底坦之武将）	室利差呾罗历年 361—416 年	55 年
11. 达拉蒙帕耶（底坦之孙）	室利差呾罗历年 416—438 年	22 年

注：[1] 旧译作梯利干。
[2] 汉译本《琉璃宫史》译作都耶（见下卷，第1118页），此处按原文共3个音节音译。

第三蒲甘王朝

王　名	在位年份	在位年限
12. 代傣（达拉蒙帕耶之子）	室利差呾罗历 438—445 年	7 年
13. 丁里姜艾	室利差呾罗历 445—454 年	9 年
14. 丁里拜（丁里姜艾之弟）	室利差呾罗历 454—469 年	15 年
15. 坎朗	室利差呾罗历 469—479 年	10 年
16. 坎腊	室利差呾罗历 479—491 年	12 年
17. 吞代（坎腊之子）	室利差呾罗历 491—504 年	13 年
18. 吞毕	室利差呾罗历 504—520 年	16 年
19. 吞漆	室利差呾罗历 520—535 年	15 年
20. 卜巴苏罗汉	室利差呾罗历 535—562 年	27 年
注：新启用蒲甘历，即缅历		
21. 瑞翁帝（卜巴苏罗汉之婿，吞漆之子）	缅历 2—14 年	12 年

续表

王 名	在位年份	在位年限
22. 贝东（瑞翁帝之弟）	缅历 14—22 年	8 年
23. 贝当（贝东之子）	缅历 22—72 年	50 年
24. 敏奎（贝当之弟）	缅历 72—78 年	6 年
25. 敏最	缅历 78—88 年	10 年
26. 登卡（吞漆之孙）	缅历 88—96 年	8 年
27. 登空（登卡之子）	缅历 96—106 年	10 年
28. 瑞朗	缅历 106—115 年	9 年
29. 吞屯	缅历 115—124 年	9 年
30. 瑞茂	缅历 124—147 年	23 年
31. 通腊（瑞茂之弟）	缅历 147—164 年	17 年
32. 苏蒙涅（通腊之子）	缅历 164—191 年	27 年
33. 开卢	缅历 191—208 年	17 年

第四蒲甘王朝

王 名	在位年份	在位年限
34. 彬比牙（开卢之弟）	缅历 208—240 年	32 年
35. 丹奈（彬比牙之子）	缅历 240—268 年	28 年
36. 色雷鄂奎	缅历 268—277 年	9 年
37. 登科（色雷鄂奎之子）	缅历 277—293 年	16 年
38. 良乌苏罗汉（当都基）	缅历 293—326 年	33 年
39. 宫错（丹奈之子）	缅历 326—348 年	22 年
40. 基梭（宫错之子）	缅历 348—354 年	6 年
41. 叟格德（基梭之弟）	缅历 354—379 年	25 年
42. 阿奴律陀（宫错姜漂之子）	缅历 406*—439 年	33 年
43. 苏卢（阿奴律陀之子）	缅历 439*—446 年	7 年
44. 江喜陀（苏卢之弟）	缅历 446*—474 年	28 年
45. 阿朗悉都（江喜陀之孙）	缅历 474*—529 年	55 年
46. 那腊都（阿朗悉都之子）	缅历 529—533 年	4 年
47. 明因那拉登卡	缅历 533—536 年	3 年
48. 那腊勃底西都（明因那拉登卡之弟）	缅历 536—573 年	37 年
49. 梯罗明罗（那腊勃底悉都之子）	缅历 573—596 年	23 年

续表

王　名	在位年份	在位年限
50. 加苏瓦	缅历 596—612 年	16 年
51. 乌泽那	缅历 612—617 年	5 年
52. 德由披敏（即那腊底哈勃德）	缅历 617—648 年	31 年
53. 觉苏瓦	缅历 648—660 年	12 年
54. 苏涅	缅历 660—687 年	27 年
55. 苏蒙涅	缅历 687—730 年	43 年

注：*指经考证修订后的年份。

彬牙王朝

彬牙王朝历经 6 代国王，自缅历 660 年始至 726 年①止，彬牙王城建城史共 66 年。

王　名	在位年份	在位年限
1. 一象之主底哈都[1]	缅历 660—684 年	24 年
2. 乌兹那（底哈都之子）	缅历 684—704 年	20 年
3. 五象之主觉苏瓦（乌兹那之弟）	缅历 704—712 年	约 9 年
4. 觉苏瓦艾（觉苏瓦之子）	缅历 712—721 年	约 10 年
5. 那腊都（小觉苏瓦之弟）	缅历 722—726 年	4 年
6. 乌兹那比昂（那腊都之兄）	缅历 726 年	约 3 个月

注：［1］旧译作僧哥速。

实皆王朝

实皆王朝历经 7 代国王，自缅历 677 年始至 726 年止，实皆王城建城史共约 50 年。

①即公元1298—1364年。本书正文中按底哈都在缅历674年改称彬牙王朝为依据，将缅历674年作为彬牙王朝的起始，但缅甸各类史书中仍以底哈都势力崛起的缅历660年作为彬牙王朝的起始。两处年份不相同，特做说明。

王　名	在位年份	在位年限
1. 阿丁克亚苏云（彬牙一象之主底哈都之子）	缅历 677—684 年	约 8 年
2. 德勒帕耶基（阿丁克亚苏云之兄）	缅历 684—698 年	14 年
3. 瑞当代（德勒帕耶基之子）	缅历 698—701 年	3 年
4. 加苏瓦（阿丁克亚苏云之子）	缅历 701—711 年	10 年
5. 瑙亚塔明耶（加苏瓦之弟）	缅历 711 年	仅 7 个月
6. 白象主德勒帕耶艾（加苏瓦之弟）	缅历 711—714 年	3 年
7. 明标（德勒帕耶艾妹夫，苏云女之继夫）	缅历 714—726 年	约 13 年

阿瓦王朝

阿瓦王朝历经 31 代国王，自缅历 726 年始至 1113 年止，阿瓦王城建城史共 387 年。

第一阿瓦王朝

王　名	在位年份	在位年限
1. 德多明帕耶	缅历 726—729 年	3 年
2. 明基苏瓦绍盖[1]（号德亚帕耶，德多明帕耶之妹夫）	缅历 729—762 年	33 年
3. 白象王德勒帕耶[2]（明基苏瓦绍盖之子）	缅历 762—763 年初	仅 7 个月
4. 明翠（明康王一世，德勒帕耶之弟）	缅历 763—783 年	21 年
5. 底哈都（明翠之子）	缅历 783—787 年	4 年
6. 明拉艾	缅历 787 年	仅 3 个月
7. 格礼杰当纽	缅历 787 年	仅 7 个月
8. 孟养（德多）	缅历 788—801 年	13 年
9. 明耶觉苏瓦（孟养之子）	缅历 801—804 年	3 年
10. 那腊勃底（明耶觉苏瓦之弟）	缅历 804—830 年	26 年
11. 卑松底哈都（那腊勃底之子）	缅历 830—842 年	12 年
12. 明康王二世	缅历 842—863 年	21 年
13. 瑞南觉欣	缅历 863—888 年	25 年

续表

王 名	在位年份	在位年限
14. 多汉发[3]	缅历 888—904 年初	15 年
15. 翁榜孔迈	缅历 904—907 年	约 4 年[4]
16. 摩别那拉勃底	缅历 907—913 年	约 6 年
17. 实皆西都觉廷（号那拉波帝）	缅历 913—916 年	3 年
18. 德多明梭（德彬瑞梯之弟）	缅历 916—945 年	29 年
19. 明莱加侯（由五塔施主南达勃因分封）	缅历 945—948 年	3 年
20. 明耶觉苏瓦侯（五塔施主南达勃因之子）	缅历 948—955 年	7 年
（阿瓦城无主）	缅历 955—959 年	

注：［1］旧译作明吉斯伐修寄。
［2］旧译作多罗般。
［3］旧译作思洪发。
［4］期间有大臣明基仰瑙执政，后让贤予翁榜孔迈。

第二阿瓦王朝①

王 名	在位年份	在位年限
21. 良渊（白象之主勃印囊之子）	缅历 959—967 年	8 年
22. 阿瑙白龙[1]（良渊之子）	缅历 967—990 年	23 年
23. 达龙[2]（阿瑙白龙之弟）	缅历 990—1010 年	19 年
24. 彬德莱[3]（达龙之子）	缅历 1010—1023 年	13 年
25. 卑明（号耶觉康）	缅历 1023—1034 年	11 年
26. 那腊瓦亚（卑明之子）	缅历 1033—1034 年	仅 6 个月
27. 明耶觉廷[4] （那腊瓦亚之弟，号温白因珊王）	缅历 1034—1060 年	26 年
28. 色内（明耶觉廷之子）	缅历 1060—1076 年	16 年
29. 德宁格内	缅历 1076—1095 年	19 年
30. 劫抵汉礁瓦底王	缅历 1095—1113 年	18 年

注：［1］旧译作阿那毕隆。
［2］旧译作他隆。
［3］旧译作平达格力。
［4］旧译作弥丽惰提。

①即东吁王朝良渊时期。原书王系表中并未列出东吁王朝。

贡榜王朝

贡榜王朝历经 11 代国王，自缅历 1114 年始至 1247 年止，诸王在位累计共 133 年。

王　名	在位年份	在位年限	都　城
1. 阿朗帕耶[1]	缅历 1114—1122 年	8 年	瑞波
2. 囊道基[2]	缅历 1122—1125 年	3 年	瑞波
3. 信漂辛[3]（囊道基之弟）	缅历 1125—1138 年	13 年	自瑞波迁往阿瓦
4. 辛古[4]（信漂辛之子）	缅历 1138—1143 年	5 年	阿瓦
5. 貌貌（囊道基之子）	缅历 1143 年	仅 7 天	阿瓦
6. 波道帕耶[5]（阿朗帕耶第四子）	缅历 1143—1181 年	38 年	阿摩罗补罗
7. 巴基道[6]（波道帕耶之孙）	缅历 1181—1199 年	约 19 年	自阿摩罗补罗迁回阿瓦
8. 贡榜（巴基道之弟）	缅历 1199—1208 年	9 年	自阿瓦再迁阿摩罗补罗
9. 蒲甘（贡榜之子）	缅历 1208—1214 年	6 年	阿摩罗补罗
10. 敏东[7]（蒲甘之弟）	缅历 1214—1240 年	26 年	自阿摩罗补罗迁往曼德勒
11. 底博[8]（敏东之子）	缅历 1240—1247 年	7 年	曼德勒

注：[1] 旧译作雍籍牙。
[2] 旧译作莽纪觉。
[3] 旧译作孟驳。
[4] 旧译作赘角牙。
[5] 旧译作孟云。
[6] 旧译作孟既。
[7] 旧译作曼同。
[8] 旧译作锡袍。

索 引

（索引按中译文首字汉语拼音排序，索引中页码为原著页码）

C

D

N

W